Eduard von Moor

Billigheim

Beitrag zur Geschichte der Pfalz

Eduard von Moor

Billigheim
Beitrag zur Geschichte der Pfalz

ISBN/EAN: 9783743371743

Hergestellt in Europa, USA, Kanada, Australien, Japan

Cover: Foto ©ninafisch / pixelio.de

Manufactured and distributed by brebook publishing software (www.brebook.com)

Eduard von Moor

Billigheim

Billigheim.

Beitrag zur Geschichte der Pfalz.

Von

Eduard von Moor,
K. Bayer. Major, MrFDH etc.

Landau.

Druck und Verlag von Eb. Kaußler.

1867.

Inhalt.

	Seite.
Einleitung	1
Aelteste Geschichte der Gegend	3
Ob Billigheim eine römische Niederlassung?	5
Aeltere Geschichte Billigheim's. Ortsname. Wappen. Kirchen	7
Billigheim erhält Stadtrechte i. J. 1450	15
Billigheim wird befestigt i. J. 1550	18
Aelteste Häuser	23
Periode des 17. Jahrhunderts	26
„ „ 18. Jahrhunderts	29
a) Aelteste Familien. Wohnungen. Volkstracht. Hochzeits- und sonstige Gebräuche	29
b) Kirchen- und Schulwesen	33
c) Ackerbau, Kunst und Gewerbe	36
Periode der französischen Revolution. Von 1789—1804	39
„ des französischen Kaiserreichs. Von 1804—1815	58
Culturzustand vor und nach der französischen Revolution	68
Der Billigheimer Purzelmarkt	80
Schluß	83

Einleitung.

Wenn wir die Heerstraße von Landau nach Bergzabern verfolgen, stellt sich uns eine Viertelstunde südlich von Impflingen auf der Höhe vor der Thalmulde des Capelbaches auf unserer linken Seite der hochgelegene Ort Billigheim mit seinem Wall und seinen mittelalterlichen Bauten, über welche nur die Firsten der Häuser und der alte Kirchthurm emporragen, recht malerisch und stattlich vor, und ladet unwillkürlich zum Besuche ein. Für Solche, welche sich hiezu entschließen, ist die nachfolgende Skizze bestimmt, die in kurzen Zügen ein wahrheitsgetreues Bild der Geschichte dieses uralten Ortes und seiner mannigfachen Schicksale geben soll.

Schon in der näheren Betrachtung dieses Ortes und seiner Umgebung findet der sinnige Beschauer die Geschichte Billigheims wie ein Buch aufgeschlagen, das ihm über Entstehung, Verfall und Wiederaufblühen treue Auskunft gibt und in seiner Fantasie Bilder zeichnet, welche ihm das längst Vergangene klar und richtig vor die Seele führen.

Aus dieser Anschauung nun, dann aus den interessanten und ausführlichen Aufzeichnungen des um die Geschichte seiner Vaterstadt Billigheim hochverdienten K. Notärs Wilhelm Heuck zu Landau, ferner aus historischen Quellen und aus eigenen Forschungen wurden die nachfolgenden Notizen gewonnen und hierauf zusammengestellt; — da das kleine Archiv der Gemeinde Billigheim beim Ausbruche der französischen Revolution mit den Amtsacten des Oberschultheißen-Gerichtes durch den damaligen Stadtschreiber Bering bei seiner Auswanderung nach Sinsheim, Oberamts Mosbach, geflüchtet wurde, hier aber von den Franzosen bei ihrer Invasion des rechten Rheinufers mit anderen dahin verbrachten Archiven theils zur Anfertigung von Patronenhülsen, theils zur Streu für ihre Pferde verbraucht worden ist.

Ebenso konnten aus den Lagerbüchern der beeidigten Steinsetzer, die bis zum Jahre 1660 zurückgehen, sowie aus den Kirchenbüchern der Gemeinde, welche gleichfalls noch vorhanden, Anhaltspunkte für besondere historische Nachweisungen nicht gefunden werden.

Aelteste Geschichte der Gegend.

Die ältesten Ueberbleibsel menschlicher Niederlassungen in der Gegend Billigheim's hat die Thalniederung des Erlenbaches aufzuweisen, und zwar die 3/4 Stunden lange und 1/4 Stunden breite Strecke von Winden gegen Hergersweiler bis Barbelroth, welche in frühsten Zeiten unter Wasser stand, und einen förmlichen See bildete, der nach und nach austrocknend, seine Sumpf= und Wasserpflanzen in tausendjähriger Ablagerung in eine reiche und ergiebige Torfschicht verwandelte. Dieser Bruch — seit 1786 der Gemeinde Billigheim gehörig — eigentlich das alte See=Ufer bildet heute noch die Grenze der Gemarkungen von Billigheim, Winden, Mühlhofen, Hergersweiler und Steinweiler.

In den untersten Schichten dieses Torfbruches nun, gerade nördlich des Kirchthurms von Winden unten im Thale, und zwar an der Stelle, die heute noch „das Schloß" genannt wird, wurden Baureste aus der Zeit der Pfahlbauten zu Tage befördert, bestehend in wohlerhaltenen schwarz wie Ebenholz aussehenden eichenen Stämmen, die nach ihrer Stellung zu einander zu Pfahlwerken von Häusern gedient und zur Zeit, als der Bruch noch ein See war, auf demselben gestanden haben müssen, und deutlich erkennen lassen, wie die Urbewohner des Landes sich so sinnreich vor feindlichen Ueberfällen sicher zu stellen verstanden. Einige in dem dortigen Felddistricte aufgefundene uralte Steinwaffen, sogenannte Donneräxte, sprechen gleichfalls für das einstige Bestehen dieser Pfahlbauten, und ist nur zu bedauern, daß eigentliche Nachgrabungen und Forschungen an dieser Stelle nicht gemacht wurden, da gewiß außer den erwähnten Steinwaffen noch andere Geräthe, deren sich diese ältesten Völker bedient haben, gefunden worden wären.

In der mittleren Ablagerung des Torfes wurden mehrere Gegenstände römischen Ursprungs, namentlich eine große Bronze-Münze von Antoninus Pius und eine Agrafe gefunden.

Nach diesen Fundstücken läßt sich nun durch die Torfschicht, in welcher sie gelegen hatten, die Periode der Pfahlbauten annähernd bestimmen. Wenn wir annehmen, daß die römischen Gegenstände zu ihrer Ueberlagerung tausend Jahre benöthigten, so werden zur Ueberlagerung der unteren Schichte, die ihrer Consistenz nach doppelt so stark ist als die obenliegende, 2000 Jahre wohl nicht zu hoch gegriffen sein, und daher das Alter der Pfahlbauten auf 3000 Jahre festgesetzt werden können.

Jene erste und ferne Epoche von mehreren tausend Jahren, aus der uns von den Urbewohnern des Landes außer einigen wenigen Geräthen und Gegenständen nichts überkommen ist, und deren Leben, Treiben und Schicksale uns unbekannt und fremd geblieben sind, kann sohin selbstverständlich keine Anhaltspunkte hinsichtlich der Periode der Entstehung Billigheim's liefern, konnte aber hier wohl nicht ganz unerwähnt bleiben.

Ob Billigheim eine römische Niederlassung?

Wie alle alten Orte in der Pfalz macht auch Billigheim Anspruch auf römischen Ursprung. Hier soll der römische Proconsul von Gallien Julius Cäsar, fünfzig Jahre vor Beginn der christlichen Zeitrechnung, den deutschen König Ariovist auf's Haupt geschlagen, und auf der Stelle des Schlachtfeldes (Bellicampus) ein Castel haben erbauen lassen, dem er den Namen Victoria Bellona beilegte. Dieses Castel habe nun bis um das Jahr 450 n. Chr. gestanden, wo es von den Hunnen soll zerstört worden sein. Der Name des Castels Victoria Bellona verschwand mit seinem Bestehen, und nur jener des einstigen Kriegs- oder Schlachtfeldes (Bellicampus) blieb erhalten.

Trotz dieser Ueberlieferung wurde der römische Ursprung Billigheim's noch lange bezweifelt, da — außer der Benennung des Ortes, dann eines Feldbistricts, der den Namen „Venus-Buckel" führt, und den in dem vorerwähnten Torfbruche gefundenen römischen Gegenständen, — weiter nichts aufgefunden werden konnte, das auf römischen Ursprung hindeutet.

Erst in neuester Zeit wurden beim Roden eines Weinberges oberhalb den Gemeinde-Wingerten, zwischen der „Lehmenhohle" und der Landau-Ingenheimer Chaussee im Districte „Steinäckern" Baureste und Terracotten, ähnlich jener in Rheinzabern gefundenen, sowie ferner die Anlage einer alten Straße entdeckt, welche eine römische Niederlassung an dieser Stelle ganz außer Zweifel setzen und wahrscheinlich den Ort angeben, wo das so lange bestrittene Römer=Castel gestanden hat. Die erhöhte dominirende Lage dieses Platzes ist ganz zur Erbauung eines Castels geeignet; die heute noch sichtbaren Erhöhungen lassen deutlich erkennen, daß hier Gebäude gestanden haben mögen, die alte Straße, welche hier vorüberführt, und endlich die Benennung des Felddistricts „Steinäckern", wo die vorerwähnten Funde gemacht worden sind, und in dem sich gegenwärtig gar keine Steine mehr vorfinden, sprechen für die Richtigkeit meiner Annahme. Vielleicht ist jener große Quaderstein, welcher vor einigen Jahren noch in der Lehmenhohle gelegen, der letzte Stein von den Ruinen des alten Römer=Castels, denn von ungefähr ist derselbe wohl nicht dahin verbracht worden.

Wir müssen demnach den römischen Ursprung Billigheim's — gleich mehreren alten Geschichtsschreibern — ebenfalls verneinen, glauben aber mit Recht annehmen zu dürfen, daß ein Römer=Castel nördlich der Billigheimer Lehmenhohle auf der Höhe, und zwar an der altrömischen Militär=Straße, welche von Tabernae Montis (Bergzabern) in nordöstlicher fast gerader Richtung nach Civitas Nemetum (Speyer) hier vorbeiführte, gestanden, daß der Platz, auf dem diese römische Niederlassung gelegen, Bellicampus geheißen habe, und diese Benennung später auf eine neue weiter südlich entstandene Ansiedelung, das heutige Billigheim, übergegangen sei.

Aeltere Geschichte Billigheims. Ortsnamen. Wappen. Kirchen.

Der Name des Ortes leitet sich sohin von Bellicampus her. Im Laufe der Zeiten erlitt dieser Name mannigfache Aenderungen, bis man von Bullinchheim, Bullenkeim, Bellenkem, Bellikam zu der heutigen Benennung Billigheim gelangte. Die mittelalterliche Benennung Bellikam gab Veranlassung zu dem dritten Felde des Gerichtssiegels: einen Pelikan, der aus seiner Brust drei Junge tränkt; — der Schild dieses Siegels zeigt außerdem in seinem ersten Felde den pfälzischen Löwen und in dem zweiten die bayerischen Rauten.

Urkundlich erscheint der Name des Ortes schon i. J. 693 bei einer Schenkung, in welcher Hildefried Mangold wegen eines Sohnes, der ihm geboren worden, der Kirche zu Weißenburg Güter in Billigheim (Bullinchheim super fluvila raurobagia) überließ. Damals muß der Ort noch von keiner großen Bedeutung gewesen sein, auch an keiner großen Straße gelegen haben, da man zur Auffindung desselben die Bezeichnung: super fluvila raurobagia (oberhalb des Rohrbacher-Flüßchens) nicht entbehren konnte.

Später scheint der Ort, welcher unmittelbares Eigenthum des deutschen Reiches war, an Bedeutsamkeit zugenommen zu haben.

Der Bischof Conrad IV. von Speyer, ein geborener Herr von Dahn, erhielt i. J. 1234 vom Convent zu Weißenburg und von dessen Abte Cuno die Kirche zu Bullinkeim (Billigheim) mit ihren Gefällen nebst dem Patronatsrechte zu Offenbach. Dieser Bischof überließ beide seinem Domcapitel, welches Geschenk von den alten Geschichtsschreibern besonders hervorgehoben wird.

Billigheim hatte damals auch einem Rittergeschlechte den Namen geliehen, von dem Heinrich, genannt Waseger von Bullinkeim, mit seinem Sohne gleichen Namens in der Eußerthaler-Gülturkunde auf der Barbelrother-Mühle vom J. 1277 vorkommen, — und Werner von Bullinkeim dem Rittergerichte von 1283 über den Eußerthaler-Geraiden-Streit beigewohnt hat.

J. J. 1304 hatte Damburgis — eine Tochter des Koph von Bullenkeim und Gemahlin des Heinrich an der Straßen — dem Kloster Eußerthal zur Rettung ihrer Seele ihre Güter verschrieben, welche in der Bullenkeimer-Gemarkung gelegen waren. Darunter kommen auch ½ Morgen bei Buthenkeim und 1 Jauchert bei Nuheim an der Eppengassen vor. J. J. 1309 verkauften Heinrich, genannt Darstein von Bubenkeim, und seine Gemahlin Metza dem Kloster Eußerthal eine jährliche Gülte von 2 Pfd. Heller, und hinterlegten desfalls ihre Güter in der Gemarkung des Dorfes Bubenkeim. Aus diesem werden nun in der Gegend von Billigheim zwei Dörfer: Buthenkeim (Bubenkeim) und Nuheim ersichtlich, welche nicht mehr vorhanden, und wahrscheinlich gegen Mitte des 14. Jahrhunderts eingegangen und verschwunden sind.

Billigheim mit seinen Zugehörungen ist schon frühzeitig verpfändet worden.

Um's Jahr 1320 löste der Erzbischof Peter von Mainz, wahrscheinlich Namens des Klosters Klingen, Billigheim um den Erlag von 100 Pfd. Heller wieder aus. Durch den Kaiser Ludwig den Bayer (1313—1347) oder durch Kaiser Carl IV. (1347—1378) wurde Billigheim an den Pfalzgrafen Ruprecht I. verpfändet, und gelangte von diesem wiederum pfandweise an den Grafen Emich von Leiningen zu Landeck. J. J. 1361 wurde von Kaiser Carl IV. der Pfandschilling von Billigheim und von anderen Dörfern um 4000 Goldgulden erhöht und bedungen, daß keines ohne das andere gelöst werden solle. Pfalzgraf Ruprecht I. (1353—1390) löste hierauf noch in demselben Jahre von dem genannten Grafen von Leiningen die Dörfer: Billigheim, Gobramstein, Steinweiler, Erlenbach und Klingen um 5000 Goldgulden wieder an sich. J. J. 1401 ließ eben derselbe Billigheim, Germersheim, Hagenbach, Neuburg und das Siebelbinger-Thal mit ihren Zugehörungen der Gemahlin seines ältesten Sohnes Ludwig's III. des Bärtigen (1410—1436) — der Prinzessin Blanca, Tochter des Königs Heinrich's VI. von England — als Morgengabe verschreiben.

Seit der Einlösung Billigheims aus der Pfandschaft und insbesondere bei der soeben berührten Verschreibung als Witthum der Prinzessin Blanca erscheint Billigheim als ein churpfälzischer Amts-Ort, dessen Gerichtsbarkeit anfänglich dem Faute des Amtes Landeck, später jenem von Germersheim übertragen war.

Kaiser Conrad II. (1024 — 1039) ließ in Billigheim eine Kirche nebst Thurm erbauen, welch' letzterer gegenwärtig noch besteht und wohl das älteste Bauwerk daselbst sein dürfte. Bereits i. J. 1220 mußte die Kirche als baufällig abgebrochen und wieder neu aufgebaut werden. Dem Baustyle nach zu urtheilen, ist die Kirche zu Landau jener in Billigheim nachgebildet worden, da beide Kirchen in ihrer Eintheilung, in ihren Formen sowie in den Fehlern ihrer Construction viele Aehnlichkeiten nachweisen. Der Platz um die Kirche herum wurde bedeutend erhöht und mit einer starken Schutzmauer umgeben, um den Bürgern bei feindlichen Ueberfällen zum Schutze und zur Vertheidigung zu dienen. Durch diese Auffüllung des Kirchhofes wurde jedoch die ursprüngliche Thüre zum Thurme verschüttet, weßhalb eine neue Thüre ohne Bekleidung durch die Quadern gehauen wurde. Der Thurm, der nun mit der Kirche nicht mehr in Symmetrie stand, mußte um ein Stockwerk mit Thürmerwohnung erhöht werden. J. J. 1551 war die Kirche schon wieder so schadhaft, daß eine neue Giebelmauer mit Portal aufgeführt werden mußte.

Diese uralte und wichtige Pfarrkirche zu „Sanct Martin" mit Plebanie und Caplanei zu St. Johann: einer Frühmesserei und einer Altarpfründe zu St. Stephan zählte vor der Reformation zum Landcapitel Herxheim, nach derselben jedoch zu dem von Arzheim, und kam 1822 zum Decanate Bergzabern. Ihre Filialen sind katholischer Seits, Appenhofen und Mühlhofen.

Nicht lange nach der i. J. 1551 vorgenommenen Restauration der Kirche wurde sie beim Religionsfrieden 1555 zwischen den Katholiken und den Reformirten getheilt und deßhalb mit Brettern unterschlagen: der Chor und der Theil vom Chor bis zur Treppe fiel den Katholiken zu, und wurde diesen i. J. 1556 neben der Sacristei eine eigene Eingangsthüre eingesetzt; — den übrigen Theil hatten die Reformirten inne bis zum Westphälischen Frieden 1648, durch welchen die Kirche simultan wurde, so daß seit dieser Zeit an Sonn- und Feiertagen der Gottesdienst in der Kirche zuerst von den Protestanten und dann von den Katholiken abgehalten wird.

Von jener Zeit an, wo die Kirche zwischen Katholiken und Reformirten gemeinschaftlich geworden, blieb diese Pfarrkirche fortwährend bis zur französischen Revolution der Sitz einer reformirten Inspektion für die Pfarreien des südlichen Theils vom Oberamte Germersheim, welche aber i. J. 1806 auf die Pfarreien Billigheim, Erlenbach, Rohrbach, Wörth und Neuburg beschränkt wurde. Die reformirten Filialen waren Appenhofen, Ingenheim und Mühlhofen.

Vor der französischen Revolution hingen im Kirchthurme drei Glocken. Zwei davon mußten am 10. Februar 1794 auf den Altar des Vaterlandes geopfert werden, d. h. sie wurden nach Straßburg verbracht, und hier mit so vielen anderen Glocken der Pfalz in Kanonenrohre umgegossen oder in dicke Sols=Stücke verwandelt. — Die dritte Glocke verblieb der Gemeinde als Polizei=Glocke. Für diese patriotische Gesinnung und Opferwilligkeit wurde dem Kirchthurme eine große Freiheitskappe mit Cocarde (aus starkem roth bemaltem Blech) aufgesetzt, die erst i. J. 1802 wieder entfernt, aber noch einige Zeit im Rathhaus=Schranke als Reliquie aufbewahrt wurde.

Der Leichenhof war anfangs für die Gemeinde rings um die Kirche herum: der Theil nördlich von der Umfassungsmauer bis zur Kirche war den Lutheranern, von da an bis zum südlichen Eingange der Kirche den Reformirten, und von hier aus bis zur östlichen Mauer den Katholiken zugetheilt. Die östliche Seite des Kirchhofes zwischen den beiden Eingängen wurde lange nicht benützt, aus Furcht, daß die Pest wieder ausbreche, an der die dort Beerbigten i. J. 1666 verstorben waren. Der der reformirten Gemeinde vor dieser Theilung zugehörige Begräbnißplatz lag gegenüber beim jetzt bestehenden Gottesacker der Gemeinde außerhalb der Stadt, und ist gegenwärtig Pfarracker.

Neben der großen Kirche stand eine dem heiligen Johannes geweihte Kapelle, welche aber aus Mangel an Reparation nach und nach zerfiel und abgetragen werden mußte. Die in dieser Kapelle und auf den drei Abtheilungen des Kirchhofes gelegenen Grab- und Gedenksteine adeliger und bürgerlicher Familien, — die für die Geschichte Billigheim's manche Aufklärung und manchen Aufschluß geboten hätten, — wurden erst in neuerer Zeit, und zwar in den dreißiger Jahren dieses Jahrhunderts zu Brücken- und Platten-Belegen des Fuß- und Wiesenpfades nach Mühlhofen verwendet, und es scheint, als ob man dem Wanderer mit dieser profanen Maßregel ein recht einleuchtendes Memento mori auf den Weg habe mitgeben wollen. Der Pfad über den schönen Wiesengrund des Klingbaches zwischen zwei umbuschten Mühlen macht, wie lieblich heiter auch die Landschaft ist, einen grauenhaften Eindruck, nicht etwa wegen der Erinnerung an den Tod, dem wir ja auf jedem Wege entgegengehen, und wäre er mit Rosen statt mit Leichensteinen belegt, sondern wegen des Blicks, den die Benutzung dieser uralten Denkmäler vergangener Geschlechter in die entsetzlich praktische Sinnesart unserer Zeit thun läßt. *) Gegenwärtig sind diese Steine bereits so abgeschliffen, daß man wenig mehr von Inschrift und Zeichnung erkennen kann; noch vor wenigen Jahren war auf einem dieser Grabsteine deutlich ein Wappen ersichtlich: „im Schilde drei Schlägel und als Helmschmuck einen heranwachsenden wilden Mann, der in jeder Hand einen Schlägel emporhält," welches Wappen der Familie Herancourt zugehören dürfte.

---

*) Die Pfalz und die Pfälzer von August Becker. S. 421.

Eine lutherische Kirche stand früher in der Berg=Gasse, und verdankte ihre Entstehung der Fürsorge und den Bemühungen des Pfarrers Hirthes und des Kirchenvorstandes Burkhardt, welche die nöthigen Mittel zu ihrer Erbauung durch freiwillige Beiträge sammelten und zu diesem Zwecke sogar eine Reise bis nach Holland unternahmen. Diese Kirche bestand der erlangten Concession gemäß nur aus Riegelwänden. Ihre Filialen waren Erlenbach, Rohrbach, Steinweiler, Insheim, Impflingen, Klingen, Ingenheim und Appenhofen. Der lutherische Prediger war Inspector für denselben südlichen Bezirk des Germersheimer=Oberamtes wie der reformirte Pfarrer, zählte jedoch i. J. 1710 in seiner ganzen Inspection blos 255 Lutheraner. J. J. 1806 kam diese lutherische Pfarrei zur Inspection Weißenburg. — Bei der Vereinigung beider evangelischen Gemeinden und neuen Pfarreintheilung i. J. 1820 wurde die lutherische Kirche auf den Abbruch versteigert, die Glocke der Kirche von der Gemeinde erworben, und im Rathhausthürmchen aufgehängt, wo sie sich noch befindet und als Polizei=Glocke dient.

Die protestantische Pfarrei Billigheim gehört zum Decanate Bergzabern, und hat Mühlhofen zur Filiale.

Billigheim erhält Stadtrechte i. J. 1450.

Billigheim scheint schon in frühster Zeit gegen feindliche Ueberfälle mit einer Mauer umgeben gewesen zu sein, die aber aus Mangel an Unterhalt oder anderen nicht nachweisbaren Gründen nach und nach zerfiel.

J. J. 1450 erklärte Kaiser Friedrich III. (1440—1493) die Bewohner von Billigheim, — welcher Ort schon in alten Documenten und kaiserlichen Diplomen eine Stadt (civitas) genannt wurde, — für frei, begnadigte seine neuen Bürger mit einem Wochenmarkte und mit einem Jahrmarkte auf St. Gallus, der heutzutage noch als „Purzelmarkt" ein Fest für die ganze Umgegend geblieben ist, und verordnete, daß die Billigheimer und ihr Gut im ganzen deutschen Reiche „ungekränkt" gelassen werden.

Diese dem Orte ertheilte Stadtwürde veranlaßte i. J. 1468 den siegreichen Churfürsten Friedrich I. von der Pfalz (1449—1476) Billigheim mit 3 Thoren zu versehen, und der Stadt wegen der Ihm bewiesenen treuen Dienste zu gestatten, ihre zerfallenen Mauern wieder neu aufzubauen und zu erweitern. Letzteres wurde von den Billigheimern sogleich auf ihre Kosten ausgeführt und das hiezu benöthigte angrenzende Terrain käuflich erworben.

Den gegenwärtig noch stehenden Thurm gegen das Gebirge zu, das sogenannte Oberthor, ließ der

Churfürst durch seinen Faut von Germersheim, Hanns von Gemmingen, erbauen. An diesem Thurme entdeckt man noch das Wappen jenes Fürsten und das derer von Gemmingen, nebst einer wohl erhaltener Steinschrift:

„In den Jaren unsers Herrn do man zahlt
„MCCCCLXVIII haben wir Herzog Friedrich
„Pfalzgraf und Kurfürst ꝛc. durch Hansen von
„Giemingen unsern Faut zu Germerzheim diesen
„Hut aufahen lassen, uf Montag nach Kron und
„Sperdag. *)
„Hans von Giemingen, Faut zu Germers=
„heim."

Dieses Thor heißt auch im Volksmunde das „Neue Rohrbach", weil der Erste, der auf diesem Thore, das zugleich als Arrestlocal diente, eine Strafe abzubüßen hatte, ein Bürger von Rohrbach gewesen sein soll.

Das 2. Thor steht gleichfalls noch, wurde i. J. 1727 zu einer Amtswohnung für den Stadtschreiber umgeändert, und ist heute das katholische Pfarrhaus.

Wo das 3. Thor gelegen, ist unbekannt, da dasselbe i. J. 1550 den Festungswerken weichen mußte, und beßhalb spurlos verschwand.

---

*) Sperdag, Spertag, ist der Tag nach St. Thomas vor Weihnachten, dem die Spernacht folgt. Einem alten Gebrauche im Elsaße zufolge, der gegenwärtig nur auf dem Lande noch üblich, versammeln sich in der Spernacht die Burschen und Mädchen in den Kunkelstuben (Spinnstuben) und treiben da bei Wein und Kuchen allerlei Kurzweil.

Durch das erste und zweite Thor, also vom Oberthore gegen das Rohrbacher=Thor, führte die sogenannte „Fürststraße" in gerader Richtung von West nach Ost durch Billigheim hindurch. Diese Straße mag gleichzeitig mit den Burgen auf dem nahe gelegenen Gebirge entstanden sein, und namentlich zur Verbindung der Reichsburg Landeck mit den ihr zugehörigen Dörfern Heuchelheim, Appenhofen, Insheim, Offenbach und Bornheim gedient haben.

Während der bayerischen Erbfehde i. J. 1504 ließ der Herzog Alexander von Zweibrücken (1489—1514) von der Hundsrücker=Bauernhorde die Stadt Billigheim belagern, deren Mauern aber von den Bürgern tapfer vertheidigt wurden, was die Bauern nach öfterem nutzlosem Berennen schließlich zu schimpflichem Abzuge zwang. Da der Eifer des Herzogs im kaiserlichen Dienste größer war, als seine des Krieges unkundige Heeresmacht, und der Herzog überdies krank in Meisenheim lag, so beschränkten sich seine Horden von da an nur auf Streifzüge und Plünderungen in der Pfalz.

J. J. 1521 bestätigte Kaiser Carl V. dem Orte Billigheim seine städtischen Freiheiten, gewährte die Abhaltung eines zweiten Jahrmarktes auf Medardus, und verordnete ausdrücklich, daß Billigheim in allen Reichsregistern eine „Stadt" genannt werde.

Während des Bauernkrieges i. J. 1525 ruhten in Billigheim die aufrührischen Bauern des Unterelsaßes, welche durch die Niederlage ihrer

Genoſſen bei Elſaßzabern eingeſchüchtert worden waren, in dem hieſigen Schloße des Churfürſten von ihren Unthaten aus, um bald darauf auf die Madenburg loszuſtürmen und ſie einzuäſchern.

Zu jener Zeit wirkte für die Reformation der berühmte öffentliche Lehrer der Philoſophie und der Beredſamkeit auf der Marburger Hochſchule Theobald Gerlach, der, — da er in Billigheim geboren war, — den Beinamen Billicanus führte.

Billigheim wird befeſtigt i. J. 1550.

J. J. 1550 ließ Churfürſt Friedrich II. von der Pfalz auf Anrathen ſeines in Billigheim geborenen Geheimſchreibers Georg Weisbrod die Stadt befeſtigen und in eine haltbare Feſtung verwandeln, damit das Landvolk in den fortwährenden Kriegen, wozu die Religionsuneinigkeiten die Veranlaſſung oder doch den Vorwand gaben, hier einen ſicheren Zufluchtsort finde. Dieſe Maßregel kam auch gleich i. J. 1552 der Umgegend zu Statten, als König Heinrich II. von Frankreich in das Unterelſaß eingefallen war, angeblich um den deutſchen Proteſtanten zu helfen, — und als noch in demſelben Jahre bei dem Brand= und Raubzuge durch das Elſaß des Markgrafen Albrecht von Brandenburg, mit dem Beinamen Alcibiades, deſſen ſtreifende Landsknechte vor Billigheim erſchienen, aber unverrichteter Dinge wieder abziehen mußten.

Die Figur der Befestigung Billigheim's war ein regelmäßiges Achteck, und bestand aus einem starken Erdwalle, vorliegenden tiefen und breiten Graben mit ungemauerten Escarpen und zwei Thoren mit Vorthoren, zwischen denen sich Wachthäuschen befanden. Diese beiden Hauptthore waren mit ihren Vorthoren durch steinerne gewölbte Brücken, die über den Graben führten, verbunden.

Die acht ausspringenden Winkel der Umfassung waren durch fünf Bastione gebildet und drei derselben durch drei Thürme gekrönt, wovon:

Bastion 1, den Weg nach Ingenheim und Appenhofen.
„ 2 und 3 das Thal des Capelbaches,
„ 4 den Weg nach Rohrbach und
„ 5 das Thal des Klingbaches, gegen Mühlhofen zu, vertheidigte.

Ein Thurm lag an der Spitze zwischen Bastion 2 und 3,
der zweite an der Spitze zwischen Bastion 4 und 5,
und der dritte „ „ „ „ „ 5 und 1.

In der Kehle des Bastions 5 (gegen Mühlhofen zu) lag ein vierter Thurm, der als Reduit diente, und von dem aus durch die rechte Face dieses Bastions ein gemauerter, gewölbter Gang gegen Mühlhofen hinauslief. Dieser unterirdische Gang, dessen Eingang vor ungefähr zwanzig Jahren wieder aufgefunden, aber aus Furcht nicht betreten und daher nicht weiter verfolgt wurde, ist gegenwärtig angeblich verschüttet. Der Reduit=Thurm selbst, von dem dieser Gang ausging, diente in letzterer Zeit noch als Ziegelofen.

Sechs gewölbte Ausfalls=Poternen führten durch den Hauptwall hindurch, auf Laufstegen über den nassen Graben, in's Freie, und zwar:

eine rechts vom Bastion 1 gegen Appenhofen zu,
" " " " 2 " den Capelbach hinunter
" " " " 3 ⎫
" links " " 4 ⎬ " Rohrbach und
" rechts ⎫
" links ⎬ " " 5 " Mühlhofen zu.

Diese Poternen werden gegenwärtig als Keller benützt, und haben kleine Abzugskanäle, die das Gossenwasser in den Graben ableiten.

Die drei i. J. 1468 gebauten Thore Billig=heim's wurden durch die neuen Festungswerke dem öffentlichen Verkehr entzogen, indem

> das Oberthor in die Kehle des Bastions 1 zu liegen kam,
>
> das Rohrbacher=Thor durch den Wall abge=schnitten wurde, — weßhalb auch die alte Fürstenstraße seitdem nicht mehr befahren worden — und
>
> das dritte Thor im Walle selbst verschwand.

Dagegen entstanden zwei neue Thore:

> Das Mühlhofer=Thor, gegenwärtig auch das „hintere Thor" genannt, südlich und nahe des Oberthores, und

das jetzige Unterthor südlich und nahe des alten Rohrbacher-Thores. — Diese beiden Thore sind zufolge der ober der Einfahrt eingehauenen Jahrzahlen i. J. 1550 erbaut.

Der Graben, der ohne Unterbrechung die Festung umgab und an manchen Stellen 40—50 Schritte breit war, erhielt seine Bewässerung aus dem Capelbache. Die **Einlaßschleuße** befand sich auf der Nordseite der Stadt, ungefähr in der Mitte zwischen der Ingenheimer und der alten Landauer Straße. Die **Auslaßschleuße** war auf der Südseite der Festung gegen Mühlhofen zu, und besteht heutzutage noch in einer Abzugsdohle. Die Stadt hatte jeden Samstag das Wasserrecht. Bei starkem Thauwetter und bei Wolkenbrüchen war manchmal der Andrang des Wassers in dem Festungsgraben so stark, daß die Mühlhofer Schleuße sammt dem deßhalb errichteten sehr breiten Damme von den Fluthen weggerissen und das ganze Wiesenthal sammt den weiter unten gelegenen Feldern überschwemmt wurden. Um solche Calamitäten zu vermeiden, wurde bei der Einlaßschleuße eine Art Ableitungs-Canal, die sogenannte Ratzbach, gegraben, der das überflüssige Wasser aufzunehmen bestimmt war. Nach der damaligen religiösen Anschauung stand das gesammte Wasserwerk der Festung unter dem Schutze des heiligen Johannes von Nepomuk, dessen Steinbild auf der Brücke des Unterthors stand und wovon das Postament noch neben der Brücke über den Rathsgraben eingemauert ist.

Der nördliche Theil der Festung gegen den

Capelbach zu vor Thurm I war durch eine sumpfige Niederung gedeckt, die gegenwärtig trocken ist, aber den Namen „die Pfützgewann" behalten hat.

Vor der Pfütze lag ein kleines Außenwerk, dessen Conturen sich heute noch erkennen lassen.

Ein zweites Außenwerk von 30 Fuß Höhe lag vor Bastion 1 auf der Spitze der Ingenheimer Gemarkung, und hieß „der Sandberg." Der schöne weiße und gelbe Sand dieses Berges wurde nach und nach abgegraben, so daß jetzt an der Stelle des einstigen Vorwerkes eine Sandgrube sich befindet.

Da der Weg vom Mühlhofer=Thor gegen das Gebirge zu unmittelbar vor der Festung die Ingenheimer Gemarkung betrat, die „Gemmingisch" war, unter französischem Schutze stand und hier einen Wegzoll erhob, *) so wurde später, um zollfreien Weg zu erhalten, der Graben vor dem alten Oberthore wieder ausgefüllt, und die alte Straße durch dasselbe vom Gebirge her wieder hergestellt. Die Ausfüllung dieses Theils des Grabens wurde durch den Großvater des krummen Hauckenhannes ohne weitere Beihilfe mit einem Pferde in einem Jahre ausgeführt, und dieserhalb von Hauck eine Wette von einem halben Ohm Wein gegen den Müller Bischoff von Appenhofen gewonnen. — Seitdem

---

*) Der Grenzstein nahe an diesem Festungsthore schied dreier Herren Länder: das Pfälzische, das Zweibrückische und das Gemmingische Gebiet.

hat Billigheim wieder drei Thore, nemlich: das Oberthor gegen Ingenheim, das hintere Thor gegen Mühlhofen und das Unterthor gegen Rohrbach zu.

Aelteste Häuser.

Die ältesten Häuser sind:
1) Das Gasthaus zur „Krone" zufolge einer am Hausthore eingemauerten Inschrift mit der Jahrzahl 1550 erbaut durch Egarius Weisbrob. Nach den Insignien der Baukunst, die auf einem Wappen angebracht waren, das sich auf dem Tragsteine eines Erkers befand, kann man annehmen, daß dieses das Elternhaus desselben Weisbrob ist, auf dessen Anrathen der Festungsbau Billigheim's unternommen worden. Auf dem Eingange zum Hofe steht die Jahrzahl 1576, und über der Thüre zur Wendeltreppe befindet sich ein Wappen mit einer fünfblätterigen Rose. — Der neben dem Brunnen eingemauerte Schlußstein eines Portals mit der Jahrzahl 1220 rührt von der Kirche her, die — wie bereits erwähnt — durch den Erbauer der Festung i. J. 1551 wieder hergestellt wurde, bei welcher Gelegenheit dieser Schlußstein des alten Kirchenportals aus Pietät für die Nachkommen hier aufbewahrt, d. h. eingemauert wurde.

2) Das Haus des früheren Bürgermeisters Kuhn an der Ecke der Even- und Bergstraße, an welchem ein Erker-Tragstein mit einem in zwei Querfelder getheilten Wappen, das im oberen Felde einen geflügelten Greif mit abwärts gerichtetem Pfeil in den Klauen, und im unteren Felde drei querlaufende Wecken führt, mit den Jahrzahlen 1551 und 1556 und dem Monogramm M. W. Diesem Wappen und dem Namenszeichen zufolge ist dieses Haus gleichfalls von der Familie Weisbrod erbaut worden.

3) Das Haus des Kappenmachers Güte, in welchem eine alte Wendeltreppe.

Bei dem Alter dieser drei Häuser kann jedoch nur das untere in Stein gebaute Stockwerk gemeint sein, da das obere in Fachwerk ausgeführte Stockwerk auf neueren Ursprung hindeutet, indem diese vermuthlich im sog. Orleans'schen Kriege (1685—1697) mit dem ganzen Orte abbrannten.

Ein Gutleuthof — Unterkunft für arme Reisende nnd für sieche Personen — stand früher vor dem Unterthore an der ersten Biegung der Straße nach Rohrbach. Diese Herberge wurde abgebrochen, weil der letzte Besitzer derselben an seinen Gästen Raubmord verübt haben soll.

Alle anderen Gebäude des Städtchens sind neueren Datums.

Das Rathhaus wurde i. J. 1718 erbaut, in jüngster Zeit aber abgerissen.

Das frühere katholische Pfarrhaus wurde von der Heidelberger Administration erbaut, zur Zeit der französischen Revolution als National-Eigenthum veräußert, und ist gegenwärtig in Händen von Privaten.

Das heutige katholische Pfarrhaus, an der Stelle des i. J. 1468 gebauten und durch die i. J. 1550 entstandene Befestigung dem Verkehr entzogenen alten Rohrbacher Thore, ist Eigenthum der katholischen Bürger, und wurde von diesen aus dem ihnen zugefallenen Antheil jener Gelder erkauft, welche die Gemeinde von Schafhaltern für den Betrieb der Weide in der Gemarkung erlöste.

Das protestantische Pfarrhaus wurde i. J. 1784 nach einem Plane von J. G. Sommer erbaut, demzufolge das zweite Stockwerk nur in Holz und Riegelwand bestehen sollte, gleichwohl aber in Stein aufgeführt wurde. Wegen der durch diese Bauveränderung erlaufenen Mehrkosten wurde der obere Stock im Innern nicht gleich ausgebaut, und ließ erst i. J. 1810 der damalige Pfarrer Schimpff einige Zimmer in demselben herrichten.

Das lutherische Pfarrhaus war an der lutherischen Kirche angebaut, und wurde gleichzeitig mit dieser auf Abbruch versteigert.

Das Amthaus lag dem Wirthshause zum „Schwanen" gegenüber, wurde mit Ausnahme der Scheuer und der Stallungen während der französischen Revolution abgebrochen, der Platz als Nationaleigenthum veräußert, später vom Lehrer Lebeau ersteigert, und gehört heute der Wittwe Nebinger.

Die Zehnt-Scheuer wurde erst in neuerer Zeit entfernt, und dient der dadurch gewonnene Platz gegenwärtig als Saumarkt.

Zwischen dem Rathhause und dem Wirthshause „zum Adler" war früher ein Wasserbehälter, welcher als Vieh-Schwemme diente und von dem in der Nähe gestandenen Marktbrunnen sein Wasser erhielt. Beide waren der beständigen Wasserlachen vor denselben halber ein Mißstand für den Ort, weßhalb sie endlich eingeebnet wurden. Der Platz, wo beide gestanden, heißt heute noch die „Weed."

Periode des siebzehnten Jahrhunderts.

Die Erhebung Billigheim's zur Stadt, die Erbauung eines churfürstlichen Schlosses daselbst sowie die Anlage von Festungswerken müssen die Veranlassung gegeben haben, daß das Amts-Städtchen adelige Schultheißen erhalten hatte, die zugleich als Amtsmänner auftraten, und von welchen Johann Burkard von Stockheim i. J. 1615, Johann Wolfgang von Bozheim vom Jahre 1650—1671, und zuletzt Ferdinand von Cuono i. J. 1710 vorkommen. Von da an erhielt Billigheim nur einen Oberschultheißen, der mit einem Unterschultheiß, vier Schöffen und einem Stadt- oder Gerichtsschreiber das

Gericht bildete. Das Amt selbst stand noch zuletzt unter dem Germersheimer-Oberamte, und begriff fortwährend die ursprünglichen Amtsdörfer **Billigheim, Klingen, Steinweiler, Erlenbach**, und außer diesen noch **Impflingen** und **Rohrbach**.

J. J. 1632 wurde Billigheim von den Truppen des Erzherzogs Leopold von Oestreich besetzt, und beim Anrücken der schwedischen Bundes-Truppen unter dem Herzoge von Sachsen-Weimar geräumt. Im folgenden Jahre wurde die Stadt von den Schweden verlassen und sodann von den Kaiserlichen unter Metternich wieder besetzt. Ueberhaupt wurde Billigheim während des dreißigjährigen Krieges (1618 — 1648) öfters belagert und stark mitgenommen. Die durch das Anprallen der Kugeln an den Festungsthoren verursachten Vertiefungen sowie die beim Graben von Kellern aufgefundenen Kanonenkugeln, Waffen und Brandtrümmer stammen aus jener verhängnißvollen Zeit, ebenso die oberhalb der Landauer Hohle im Feldbistricte „Schänzel" beim Münsteringer Wege gegen die Stadt zu errichteten Verschanzungen, deren Spuren heute noch ersichtlich.

Nach dem dreißigjährigen Kriege rief Churfürst Carl Ludwig von der Pfalz (1632—1680) fremde Colonisten in das verwüstete Land, und kamen auf diese Weise gegen das Jahr 1661 reformirte Wallonen aus der französischen Landschaft Calléve in Flandern und aus jener von l'Alloeuvre nach Billigheim, erhielten hier verschiedene Privilegien, und ihnen ver=

dankt man vorzüglich den trefflichen Anbau der umliegenden Felder, wie denn noch heute eine Menge französischer Namen in Billigheim und Umgegend an jene Ansieblung erinnern.

Während des Krieges Ludwig's XIV. von Frankreich mit Holland und Deutschland litt das ganze Elsaß und die Pfalz von den beiderseitigen Heeren ungemein, besonders durch den Streifzug des Herzogs von Lothringen i. J. 1678, auf dem auch Billigheim belagert, erobert, ausgeplündert und zum Theile geschleift wurde. Die vielen bei dieser Demolirung der Festung gewonnenen Steine wurden später nach Philippsburg verbracht und zum dortigen Festungsbau verwendet.

Von den Festungswerken ist heute nur noch ein Theil der Erdumwallung, der Festungsgraben, drei Thore und fünf steinerne Gewölbe (gegenwärtig Keller) übrig. Das alte Thor (Oberthor) sowie das neuere Unterthor sind jetzt noch ziemlich wohl erhalten, das hintere südwestliche Thor aber, welches schadhaft wurde, mußte um das Jahr 1807 bis auf die Seitenmauern abgetragen werden. Das Material von diesem letzteren Thore sowie die mit starkem Eisen und dickköpfigen Nägeln beschlagenen eichenen Thorflügel wurden gleichzeitig veräußert.

Im sogenannten Orleans'schen oder Pfälzischen Erbfolgekrieg (1685—1697) wurde bei der Verheerung der Pfalz durch die Franzosen auch unser Ort Billigheim hart mitgenommen und verheert.

Periode des achtzehnten Jahrhunderts.

a. **Aelteste Familien. Wohnungen. Volkstracht. Hochzeits- und sonstige Gebräuche.**

Zu den ältesten Familien Billigheim's gehören die Familien: Bering, Burkhardt, Hauck, Hisch, Kuhn, Rohmann, Werrle, sodann die Nachkommen der aus Frankreich i. J. 1661 eingewanderten Wallonen: Pasquay (heute Bake), Deprez, Dermeaux, De la Cour (heute Hof), Lebeau, Bossert und Herancourt, und von den jüdischen Familien: Die Hirsch (heute Rindsfuß), die Bär (heute Blum), und die Becker, deren Vorfahren Schutzjuden des Oberamts Germersheim gewesen.

Die Wohnungen mit ihren in kleine Bleirosetten gefaßten Fenstern waren zu jener Zeit nicht die reinlichsten. Namentlich als man anfing, Torf als Feuerungsmaterial zu gebrauchen und mit demselben nur allzu verschwenderisch umging, wurden bei der schlechten Einrichtung der Oefen die Häuser rußig und staubig. Jeden Billigheimer kannte man gleich an dem Torfgeruche, den seine Kleider verbreiteten. Auch waren die Kinder, wegen Mangels guter und gesunder Luft in den Wohnungen und der herrschenden Unreinlichkeit, meist unsauber und hatten vielfach ein leidendes Aussehen.

Zweckmäßig und kleidsam war dagegen die pfäl=
zische Volkstracht, die sich noch bis zum J. 1806
erhalten hat.

Bei Männern der blautuchene Rock und Camisol,
beide mit zierlich übersponnenen Knöpfen, die mit
Blumen ausgesteppten ledernen Hosen, graue wollene
Strümpfe, die mit den Hosen umwickelt unter dem
Knie eine Wulste bildeten, welche durch einen breiten
ledernen Knieriemen mit Schnallen von weißem
Metall zusammengehalten wurden, Schuhe mit gleichen
Schnallen, ein schwarzes Wickelhalstuch, und der drei=
eckige Hut, woran man — nach der Stellung von
dessen Spitze — die Religion des Trägers erkennen
konnte. Junge Leute trugen die runde Pelzkappe
mit von Goldfäden übersponnenen Trobeln. An den
Werktagen wurde allgemein nur der Zwilchkittel und
die leinene Hose getragen.

Frauen trugen als Auszeichnung ihres Standes
die nette mit Spitzen besetzte Zieghaube von Mufselin,
unter der die weiße mit Blumen ausgenähte Unter-
haube durchschimmerte. Gewöhnlich jedoch trugen die
Frauen sowie die älteren Mädchen nur die Nebelkappe.
Junge Mädchen gingen in bloßem Kopfe, die Haare
zu einem Chignon zusammengeflochten, der von einer
schwarz sammtnen gegen die Stirne zulaufenden
Schneppe gehalten wurde. Um den Hals wurden
gerne Granat-Stränge getragen, von denen nach rück=
wärts eine schwarz seidene Bandschleife abhing.

Zum Putze waren die Weiber in schwarztuchene, und
die Mädchen in hausgemachte siamoifene (schamafene)

Röcke gekleidet. Werktags wurde im Winter der franzleinene, und im Sommer der leinene Rock und Mützel getragen. Zur Arbeit trug man ein ausgeschnittenes Leibchen, die weißen Hemdärmel bis über den Ellenbogen aufgerollt. Auf der zierlich gefalteten weißleinenen Schürze befand sich ein langer buntbenähter Riemen, an dessen unterem Ende ein Schnellmesser hing, welches zugleich durch die auf der Klinge eingeprägten drei Kreuze als Amulet gegen die Hexen diente.

Der Schmuck bei Frauen war der silberne Ehering mit zwei geflammten Herzen, die durch zwei Hände gehalten wurden, — bei den Männern eine ähnliche Hemdenschnalle, — bei Burschen eine Hemdenschnalle mit einem springenden Rößel. Goldschmuck wurde wenig getragen, nur bei reichen Leuten sah man manchmal einen Ring in der sogenannten Fuchsschwanzform.

Bei einem vollständigen Putze zum Kirchengang durfte der Rosmarin-Zweig nicht fehlen; — dieser wurde von dem Manne auf dem Hute, von den Frauen in der Hand, und von den Mädchen an der Brust getragen. Bei alten Frauen war dagegen das sogenannte „Schmackesblatt" sehr beliebt.

Bei Hochzeiten ging es immer lustig her, und dauerte die eines wohlhabenden Paares gewöhnlich drei Tage. Die Braut und die Brautjunfern waren mit Kränzen von Gold, Silberflitter und Glasperlen geschmückt, der Hochzeiter trug einen langen Rosmarin-Zweig, der in einer Pomeranze stack. Die

Pathen der Brautleute sowie der Herr Pfarrer wurden dem Gebrauche nach mit Facktüchern beschenkt. Das Hauptvergnügen beim Hochzeitsschmaus war, der Braut die Schuhe zu entwenden, die dann gegen Zucker und Wein von den Brautführern eingelöst werden mußten. Bei Hochzeiten wurde von den Frauen gerne Zuckerwein getrunken, durch dessen Süße sie verlockt bald zu ausgelassener Fröhlichkeit gestimmt wurden. Ein anständiges Tänzchen war gewöhnlich der Schluß eines solchen Ehrentages.

Der Neujahrs=, der erste Mai=, der Sommer= und der St. Johannes=Tag wurden durch alte Gebräuche gefeiert, wobei vorzugsweise sich die fröhliche Jugend betheiligte.

Am Neujahrstage: Anschießen des neuen Jahres und allseitiges Gratuliren.

Am 1. Mai wurde eine Art Volks=Justiz ausgeübt, die manchmal gute Wirkung that, nämlich das sog. „Aehnenzetteln." und „Putzenstellen." Wenn nemlich Einer mit einer Frauensperson unerlaubten Umgang pflog, so wurden zur Nachtzeit von seiner Wohnung bis zum Hause der Weibsperson Aehnen gezettelt (Heckerling gestreut), und wohl gar noch an der Letzteren Hause ein Putzen (Strohmann) angemalt oder aufgestellt, der in seiner schlechten Zeichnung oder in seinen eigenthümlichen Formen den „Geputzten" gleich erkennen ließ.

Am Sommer=Tage hielten die Kinder einen Umgang im Orte unter Vortragen einer verzierten Bretzel, die auf einem Stecken befestigt war, und unter dem Gesange:

Ri, ra, ro
Der Sommertag ist do ꝛc.

Wer den Kindern ein kleines Geschenk verweigerte, wurde von dem ganzen Schwarm ausgelacht und verspottet.

Am Johannis-Tage wurde in der Nacht über das „Johannis-Feuer", wozu sich die Jugend das Material steuern ließ, gesprungen. Dieses aus grauer Vorzeit stammende, von den alten Deutschen zu Ehren der Göttin Freya eingesetzte, Fest hat sich bis auf unsere Zeiten noch an vielen Orten in Deutschland erhalten. In Billigheim wird dasselbe jedoch nicht mehr gefeiert wegen des Anstoßes, den die Protestanten daran nahmen, da sie aus Unkenntniß des Ursprungs dieses Festes glaubten, man wolle damit die Verbrennung des Johannes Huß andeuten.

---

b. Kirchen- und Schulwesen.

Die ersten Volksschulen wurden durch den Einfluß des bereits erwähnten berühmten Marburger Professors Billicanus und des Secretärs des Churfürsten Friedrichs II. von der Pfalz Georg Weißbrod in Billigheim eingeführt.

Als Sitz eines churpfälzischen Amtes war Billigheim immer mit vorzüglichen Geistlichen und tüchtigen

Lehrern versorgt, die unter sich gut harmonirten, und sich gegenseitig in der Ausbildung der Jugend nach den damaligen Anforderungen der Zeit unterstützten. Der ertheilte Schul-Unterricht bestand nur im Lesen, Schreiben, den vier Rechnungsarten, Religion und in Vorträgen aus der biblischen Geschichte. In der höheren Rechenkunst, sowie in Musik und Zeichnen mußte gegen billiges Honorar Privatunterricht genommen werden. Die Lehrer waren früher schlecht bezahlt, indem der größere Theil ihrer Besoldung in Schulgeldern und in dem Genuß einiger Schulgüter bestand. Zur Beheizung des Schullokals mußte jedes Kind nach Bedürfniß beitragen, und im Winter sah man öfters die Kinder mit Holzscheiter auf der Schulter, aus deren Größe und Dicke man auf den Wohlstand der Eltern schließen konnte, zur Schule ziehen. Nach den Schulprüfungen wurden an die Kinder Wecke vertheilt. Preise wurden keine ausgetheilt. Nur bei ausgezeichnetem Fortgang und Betragen erhielten die katholischen Schulkinder einen sogenannten Tesseram, einen, mit dem Namen des Kindes beschriebenen und vom Lehrer ausgestellten, fingerbreiten Zettel. Als Strafe wurden den Kindern — je nachdem — eine gewisse Anzahl Plagas (Schläge) aufgezählt.

In Billigheim befanden sich — wie bereits oben erwähnt — drei Pfarreien:
    Die katholische mit den Filialen Mühlhofen
        und Appenhofen,
    die reformirte mit den Filialen Mühlhofen,
        Appenhofen und Ingenheim, und

die lutherische mit den Filialen **Erlenbach**, **Rohrbach**, **Steinweiler**, **Insheim**, **Impflingen**, **Klingen**, **Ingenheim** und **Appenhofen**.

Mühlhofen und **Appenhofen** waren mit keinem katholischen Schullehrer besetzt, weßhalb die Kinder zum Unterrichte in die Schule von **Billigheim** gehen mußten.

Die Kirche von **Mühlhofen** wurde von den Katholiken nicht besucht, da ein langjähriger Streit mit den Protestanten wegen gemeinschaftlicher Benützung dieser Kirche unentschieden blieb. Heutzutage haben die Katholiken bei Leichenbegängnissen nur das Recht des Glockengeläutes.

Das in Obstbäumen, Fruchtfeldern und Reben lieblich versteckte Appenhofen, wohl eines der ältesten Dörfer dieser Gegend, hat ein kleines, anmuthig gelegenes Kirchlein, das **simultan** ist. Zu Ende der französischen Revolution wurde das Dach derselben einer umfassenden Reparatur unterworfen, brannte aber bald darauf wieder ab. Der in dieser Kirche befindliche steinerne Altartisch mit der gothischen Inschrift „Tabula Beata" aus der Kapelle des ehemaligen Appenhofener Klosters mag wohl der älteste in der ganzen Pfalz sein.

c. **Ackerbau. Kunst und Gewerbe.**

Wie in dieser Periode der **Ackerbau in Billigheim** vernachläſſigt wurde, in ſolchem Grade war
dies wohl in keiner der umliegenden Gemeinden der
Fall. Aus den Gütern wurde kaum ſoviel erzielt,
als man zur Nothdurft brauchte. Traten nun gar
Fehl- oder Mäuſejahre ein, ſo waren Hunger und
Noth in allen Ecken, und zwar in einem Diſtricte,
wo hunderte von Morgen baufähiges Land nur als
Weide dienten und ein großer abgetriebener Waldbe-
zirk ganz unbenutzt liegen gelaſſen wurde. Bei der
Verpachtung der freien Güter, welche das Johanniter-
haus **Haimbach**, der **Deutſchorden**, das Stift
Klingenmünſter, das Hochſtift **Speyer** wegen der
Mabenburg, die Grafen von **Degenfeld** und die
Edlen von **Gemmingen**, denen **Ingenheim** gehörte — unter der allgemeinen Benennung der
Schaumburger Güter — gemeinſchaftlich beſaßen,
mußte ſtets die Bedingung feſtgeſetzt werden, daß der
Billigheimer Pächter gehalten ſein ſoll, ſeine ge-
pachteten Güter von Diſteln und Dornen frei zu
halten, — ein Beweis für den ſchlechten Zuſtand,
in welchem ſich der Ackerbau damals befunden. In
die großen Frucht- und Weinzehnten theilten ſich die
churfürſtliche Hofkammer zu $2/3$, und das Domcapitel
Speyer zu $1/3$. In einigen Strichen zehntete die

geistliche Verwaltung. Das Capitel zu St. Peter in Mainz hatte nämlich i. J. 1555 den Zehnten zu Billigheim, Mühlhofen und Oppenheim an den Churfürsten Friedrich II. (1554 — 1556) um 4000 fl. verkauft.

Bis zum Ausbruche der französischen Revolution waren alle Gewerbe zünftig. Jeder Handwerksmann, der sich als Meister niederlassen wollte, bedurfte hiezu der Concession des churpfälzischen Oberamts Germersheim, wobei er nachzuweisen hatte, daß er seine Lehre bei einem zünftigen Meister gemacht, und eine gewisse Zeit lang als Geselle gereist war; zugleich mußte er ein, unter Aufsicht bereits ansässiger Meister gefertigtes, sogenanntes Meisterstück liefern. Nach Kenntnissen im Lesen, Schreiben, Rechnen und Zeichnen wurde nicht gefragt. — Viele dieser Gewerbe waren gut besetzt, andere ließen aber viel zu wünschen übrig, namentlich jene Gewerbe, welche ihren Arbeiten Berechnungen oder planmäßige Zeichnungen zu Grunde zu legen hatten. — Daher auch die vielen Pfuschereien, welche gegenwärtig noch allenthalben wahrgenommen werden können.

In Billigheim war damals schon eine Apotheke, welche nach alter Art eingerichtet, einer Zauberhöhle nicht unähnlich war. Am Plafond hingen alle möglichen See- und sonstige Thier-Abnormitäten, alle fürchterlich anzusehen, und die ganze sonstige Einrichtung hatte etwas Geheimnißvolles. Die benöthigten Kräuter wurden in der Gemarkung gesammelt; jedes Jahr wurde ein Schwein geschlachtet, aus dessen Fett alle mögliche Salben bereitet wurden, die übrigen Präparate wurden aus einer Apotheke in Landau bezogen. Die Apotheke stand unter keiner obrigkeitlichen Controle, in derselben war der Apotheker alleiniger Herr.

Ein Arzt war früher nicht im Städtchen. Nur bei außerordentlichen Fällen wurde der Amtschirurg oder der Apotheker zu Rathe gezogen. Gewöhnlich bediente man sich sogenannter Hausmittel, die für alle möglichen Krankheiten durch herumziehende Marktschreier und Tiroler, die ein Mal im Jahre den Ort bereisten, verkauft wurden. In einer geregelten Haushaltung durfte damals eine Sammlung von Recepten — meist mit dem Zusatze „probatum est" — gegen alle Krankheiten des Menschen und des Viehes nicht fehlen.

Periode der französischen Revolution.

Der Ausbruch der franz. Revolution i. Juli 1789 rief, wie allenthalben, so auch in Billigheim allgemeine Aufregung hervor. Der Ort hatte zwar keine Veranlassung, mit der milden Regierung des Churfürsten Carl Theodor unzufrieden zu sein: Ackerbau, Gewerbe und Schulen waren gut bestellt, die Steuern mäßig, die alten ausgefahrenen Straßen waren auf Kosten der Regierung neu hergestellt und der Gemeinde der Torfbruch bei Winden geschenkt worden. Nur die Art der Eintreibung der Steuern wurde auf eine rücksichtslose und gehässige Weise, namentlich die Erhebung des zehnten Theils des jährlichen Ergebnisses der Liegenschaften, durchgeführt; ferner war es in Billigheim besonders mißliebig, daß alle Gemeinde-Bediensteten, sogar bis zu den Hirten herab, nur aus den der katholischen Religion Angehörigen gewählt wurden. Als daher die franz. Revolution und die von ihr in's Leben gerufenen Neuerungen und Institutionen in Landau und Umgegend Anklang und Anerkennung gefunden, und die französische Rheinarmee unter Custine im Sept. 1792 Speyer und Mainz weggenommen hatte, ließen sich die Billigheimer durch den Strom der Zeit gleichfalls mitfortreißen, und waren die durch ihre stete Zurücksetzung gekränkten Protestanten die ersten, welche sich der neuen Ordnung der Dinge anschlossen. Vorher jedoch wurde von einigen Bürgern beim Churfürsten eine Bittschrift um confessionelle Gleichstellung in ihren Rechten, Abschaffung von drückenden Feudalrechten, und um Freiheit in Handel und Wandel eingereicht. Hiedurch auf die Zustände in der Pfalz und namentlich auf das unruhige Benehmen der Bevölkerung in den der französischen Grenze zunächst gelegenen Ortschaften aufmerksam gemacht, schickte Churfürst Carl Theodor Truppen unter Commando des Obersten Sand in das Oberamt Germersheim, und unter Escorte einer Abtheilung Chevauxlegers seine Räthe Lamanson, Schmids und D'Avance nach Billigheim, um die Beschwerden der Billigheimer zu prüfen.

In Folge dieser Untersuchung wurde das Ober- und Unteramt suspendirt, eine provisorische Verwaltung, bestehend aus Bürgermeister Rebsamen und Rathsmitglied Wimber eingesetzt, und Abhilfe der drückenden Lasten zugesichert. Diese Maßregeln und glatten Versprechungen wollten aber dem größten Theil der Ortsbevölkerung nicht genügen. Angesichts der Truppen steckten Viele die revolutionäre Cocarde auf, der Ruf: „Vive la Nation" ertönte allenthalben, man nannte sich gegenseitig Patriot und Citoyen, und warf zum Schluß den der Regierung treugebliebenen Bürgern, den „Aristokraten", wie man sie bezeichnete, die Fenster ein. — Mittlerweile versammelten sich am 17. Dezember 1792 die ruhigeren Ortsbewohner auf dem Rathhause und unterzeichneten eine Anhänglichkeits-Adresse für den Churfürsten, wogegen ein exaltirter Sansculotte, Peter Käufer so heftig protestirte, daß er schließlich zur Thüre hinaus und die Stiege hinuntergeworfen wurde. Trotzdem erschien Käufer noch am nämlichen Tage mit einem ihm von auswärts zugelaufenen Haufen Gesindels, zog in Begleitung von Musik unter Abschießen mitgebrachter Gewehre und Vortragen einer blau-roth-weißen Fahne vor das Amthaus, setzte hier einen Freiheitsbaum, hielt einen Umzug im Orte, brach hierauf in den Keller des Hayum Maier, und soff hier mit seinem Anhange und mit den pfälzischen Chevauxlegers, die sich der Verbindung nicht mehr erwehren konnten, den Wein aus, welcher die Köpfe dergestalt erhitzte, daß, wer von der betrunkenen Horde nicht mißhandelt werden wollte, Bruderschaft schließen und die republikanische Cocarde aufstecken mußte.

Käufer versammelte jetzt die eingeschüchterte Bürgerschaft im Wirthshause „Zur Krone"; mit wenig Worten wurden alle Feudalrechte und Abgaben als erloschen und die Bürger ihrer Pflichten gegen den Landesfürsten als ledig erklärt. Man schritt hierauf zur Wahl eines Ortsvorstandes, und wurde Bossert — ein durchaus braver, ehrenhafter Mann — als Maire, und Käufer — der exaltirte Republikaner — als Greffier proclamirt. Ferner wurde eine Deputation nach Weißenburg entsendet mit der Bitte um Aufnahme in die große französische

Republik, was ihnen auch unterm 19. Dezbr. 1792 mit Freude bewilligt wurde.

Die bayerischen Chevaurlegers konnten sich nach diesen Vorgängen den Anforderungen überzugehen, nicht mehr entziehen, und zogen am 29. Dezember 1792 ab.

Gleichzeitig wurde nun in Billigheim zur Wahl der Municipal-Beamten geschritten: Bossert blieb Maire mit 103 Stimmen, Jakob Silbernagel, Daniel Duprez, Adam Schwein, Philipp Muno, Michael Dermaur wurden Gemeinde-Räthe, — Peter Nuß wurde Procurator und Valentin Ripsch Greffier. Alle diese Gewählten waren wohlhabende, ruhige und besonnene Männer, jedoch befand sich unter denselben kein einziger Katholik, als Vergeltung, daß diese unter Churpfälzer Regierung das Gemeinde-Ruder allein geführt hatten.

Nach dieser neuen Organisation und nach dem Abzuge der pfälzischen Truppen erfolgte zu Anfang des J. 1793 die Auswanderung zuerst der früheren Amtsleute, sodann einiger katholischen Bürger. Der Vorrath an Zehnt-Früchten wurde i. Febr. 1793 von der Municipalität unter die Bürger vertheilt, und erhielt Jeder 8 Sim. Spelz, 5 Sim. Korn und Gerste, der Rest wurde verwerthet und aus dem Erlöse die verursachten Kosten des Unterhaltes der pfälzischen Chevaurlegers bestritten.

Der im April 1792 zwischen Deutschland und der Republik Frankreich ausgebrochene Krieg behufs

Wiederherstellung der Monarchie in diesem Lande war anfangs für die französischen Waffen günstig, da der General Custine, Commandant der Rheinarmee den Feldzug mit der Wegnahme von Speyer und Mainz eröffnet hatte. Im Herbste 1792 wurde jedoch Custine von der preußischen Armee geschlagen nnd gezwungen, sich hinter die Weißenburger Linien zurückzuziehen. Der im Frühjahr 1793 wieder ausgebrochene Krieg wurde auch für Billigheim verhängnißvoll. Bis jetzt waren in diesem Orte weder Steuern noch sonstige Abgaben bezahlt worden, Alles lebte im Vollgenuß seiner neu errungenen Freiheit, und war durch keine Gerichte in seinem Thun und Handeln beschränkt, noch durch Einquartierung belästigt worden. Aber mit dem Rückzuge der Franzosen am 20. und 21. März 1793 und dem Ein- und Abzug bald der französischen, bald der deutschen Truppen begann für Billigheim eine schwere, sorgenvolle und traurige Zeit.

General Custine hatte am 5. April 1793 sein Hauptquartier im Amtshause zu Billigheim genommen, sich aber schon den folgenden Tag wieder hinter die Weißenburger Linien zurückgezogen. Die französischen Soldaten fraternisirten bei dieser Gelegenheit mit den Bürgern, wozu letztere den Wein lieferten und die Zeche bezahlten.

Gleich darauf wurde in Billigheim das erste Verbrüderungsfest gefeiert, bei dem der lutherische Pfarrer Kranig die Festrede hielt, und in selber tüchtig auf die Fürsten und Aristokraten losdonnerte.

Vom 30. Mai bis 3. Juli 1793 lag in unserem Orte die Avantgarde der französischen Rheinarmee unter General Landermon. Gleich nach dieser Einquartierung erschien der von der Stadt Landau in den Pariser Nationalconvent gewählte ehemalige Pfarrer Denzel, der sich als Volksrepräsentant bei der Rheinarmee befand, in Billigheim, und verkündigte das Decret der republikanischen Regierung zu Paris vom 29. März 1793, wonach die dreißig um Landau herumliegenden Ortschaften — worunter auch Billigheim — französisch erklärt, und die Ausgewanderten proscribirt wurden. Hierauf legte Volksrepräsentant Denzel die zurückgelassenen Effekten der Emigranten unter Siegel, und bezeichnete noch vor seiner Abreise den Bürger Jakob Roth als Repräsentanten der Gemeinde bei dem großen Verbrüderungsfeste zu Paris, wohin dieser am 28. Juni dieses Jahres auch abging.

Mittlerweile rückten die deutschen Heere immer weiter vor. Am 8. April hatte schon der österreichische General Wurmser, und am 7. Mai 1793 der Kronprinz von Preußen die nahe Festung Landau — wenn gleich erfolglos — zur Uebergabe auffordern lassen. Am 1. August ward Landau in Belagerungszustand erklärt und von der deutschen Seite aus eng cernirt. Dieses Immernäherrücken der Deutschen setzte die Billigheimer in große Angst und Schrecken; die exaltirten Patrioten und die Municipalität flüchteten nach Straßburg, die Zurückbleibenden aber packten ihre sämmtlichen Habseligkeiten zusammen, verbargen und vergruben ihr Hab und Gut, schlossen die Thore, pflanzten ihre sechs Geschütze (Katzenköpfe geheißen) auf die Bastione, und erwarteten in stiller Angst die Dinge, die da kommen sollten.

Am 5. August rückte das österreichische Regiment **Pellegrini** vor die geschlossenen Thore Billigheims mit der Drohung, die Thore einzuhauen und den Ort der Plünderung preiß zu geben, wenn nicht sogleich geöffnet werde. Man öffnete hierauf die Thore, die Oesterreicher zogen ein, Oberst Pellegrini ließ das Regiment auf's Beste verpflegen, die durch Denzel an die Häuser der Emigranten angelegten Siegel abreißen, den Freiheitsbaum umhauen, und sich die sechs Katzenköpfe ausliefern. Der zurückgebliebene Maire Bossert, der Municipalbeamte Silbernagel, der Notable Wolff, sowie der unvorsichtige Pfarrer Kranig wurden festgenommen, in das preußische Hauptquartier des Prinzen Hohenlohe nach Mannheim abgeführt, wo ihnen als Landesverräther durch die Criminalräthe Savigné und Zentner der Proceß gemacht wurde. Maire Bossert starb am 12. Dezember im Gefängniß, und Pfarrer Kranig bald darauf im Spital; beide in Folge der auf ihrem Transporte empfangenen, harten Mißhandlungen. Silbernagel und Wolff wurden erst das folgende Jahr (25. März 1794) nach dem Uebergange der Franzosen über den Rhein ihrer Haft entlassen, und kehrten gesund zu ihren Familien zurück. —

Mit den deutschen Truppen waren auch die

ausgewanderten Bürger und die churpfälzischen Beamten wieder zurückgekommen, und hielten unter dem Schutze des Micholovitz'schen Freicorps Abrechnung und Vergeltung mit den Billigheimer Patrioten. Viele der letzteren wurden auf 10—12 Tage in's Gefängniß gesperrt, die Bürger mußten der Churpfalz auf's Neue huldigen, und die jungen Leute wurden unters Militär eingereiht und in Mannheim einexerziert. Letztere wurden erst im März 1795 wieder nach Hause entlassen, und waren als ranzionirte Patrioten nicht mehr conscriptionspflichtig.

In dieser Zeit, und zwar bis zum 29. November 1793, hatten die Bürger durch Einquartierungen und durch die sogenannten Rothmäntel viel zu leiden. Diese, ein aus den Gefängnissen der österreichischen Monarchie zusammengerafftes Gesindel, gingen nur auf Raub und Plünderung aus, wobei sie noch durch einheimische verkommene Subjekte unterstützt wurden. Erst mit dem Einrücken des preußischen Reiter-Regiments Weinmar, das zu den Truppen gehörte, welche Landau damals einschlossen, hörte dieser Unfug auf, da die Preußen mit den Bürgern in Eintracht lebten, strenge Mannszucht hielten, und selbst dann noch den Ort gegen Marodeurs in Schutz nahmen, als die Deutschen sich am 26. und 27. Dezbr. 1793 aus der Billigheimer Gegend zurückzogen. Die zurückgekehrten Emigranten und pfälzischen Beamten schlossen sich den abziehenden deutschen Truppen an.

Am 28. Dezember 1793 wurde die Festung Landau von den vereinigten, französischen Armeeen des Rheins und der Mosel unter Pichegru und Hoche entsetzt, und ein Theil dieser Heere, welcher die flüchtigen Preußen verfolgte, einige Tage darauf in Billigheim einquartiert.

Der Volksrepräsentant Denzel, unter Begleitung einer Escadron Dragoner, erschien auch wieder aus dem wiederbefreiten Landau und nahm das von den Preußen zurückgelassene Fourage-Magazin für die französische Republik in Beschlag.

Nach dem Rückzuge der pfälzischen Beamten war die Gemeinde Billigheim ohne Vorstand. Erst am 3. Januar 1794 wurde Adam Schwein als provisorischer Maire gewählt. Da damals in Frankreich die seltsamsten Neuerungen eingeführt worden waren, wie: die Abschaffung des Glaubens an Gott und die Errichtung von, der Göttin der „Vernunft" geweihten, Tempeln, die Einführung eines neuen republicanischen Kalenders, die lächerliche Sitte des allgemeinen Duzens, das Cursiren von bald völlig entwerthetem Papiergelde, der sogenannten „Assignaten", so blieb dieß auch für unseren Ort nicht ohne Nachwirkung.

Am 5. Januar 1794 erschienen drei durch den District Weißenburg ernannte Commissäre, unter denen Peter Käufer wieder die Hauptrolle spielte in Billigheim. Die Kirchen wurden ihres Schmuckes beraubt und geschändet, die Altäre und Heiligenbilder theils zertrümmert, theils auf dem Kirchhofe in Haufen verbrannt, die Feldkreuze zusammengeschlagen und die Kirchengefäße weggenommen. Griechische

Gottheiten in lebensgroßen Bildern wurden im Chor der Kirche aufgestellt, unter Begleitung der Orgel Freiheitsreden gehalten und profane Lieder gesungen. Am 10. Februar wurden zwei Kirchenglocken fortgeschleppt, und nur die dritte Glocke als Polizei-Glocke und zum Zusammenrufen der Bürger der Gemeinde belassen.

Am 8. Januar 1794 wurde die Stadt **Billigheim** zum Cantonshauptorte, mit den Gemeinden **Billigheim, Mühlhofen, Rohrbach, Steinweiler, Erlenbach, Appenhofen, Heuchelheim, Klingen, Mörzheim, Ilbesheim** und **Wollmesheim**, erhoben. Die Verwaltung, unter Commissär Zing von Bergzabern, hatte alle 10, und das Friedensgericht alle 5 Tage Sitzung zu halten. Die erste Sitzung des Friedensgerichts fand am 8. Januar 1794 statt.

Am 9. Januar erfolgte die Einführung des republikanischen Kalenders und der Decade statt des Sonntags, dessen Feier untersagt wurde. Das Kalenderjahr begann mit dem 1. Vendémiaire (22. September), ihm folgten die Monate Brumaire, Frimaire, Nivose, Pluviose, Ventose, Germinal, Floréal, Prairial, Messidor, Thermidor und Fructidor. Jeder Monat zählte 30 Tage und theilte sich in 3 Decaben. In einem gewöhnlichen Jahre wurden 5, in einem Schaltjahre 6 Tage, (jours complémentaires), nach dem Monate Fructidor eingeschaltet.

Bei der damals in Frankreich herrschenden Schreckensregierung, durch die sich folgenden seltsamen Neuerungen und durch die außergewöhnlichen Zeitverhältnisse waren große Verwirrung, Kummer und Bestürzung unter dem Volke entstanden. Die geistliche und weltliche Polizei war eingeschüchtert, die Religion nicht mehr geachtet, Eigenthum und Personen gefährdet und die Sittenlosigkeit hatte alle Schranken durchbrochen; — war ja sogar ein Regierungs-Decret erschienen, welches der Mutter eines natürlichen Kindes eine Prämie zusicherte.

Die zu jener Zeit organisirte Cantonalgarde war zu lässig, um die gestörte polizeiliche Ordnung wieder herzustellen, wenn sie gleich hoch zu Roß, mit Federbusch und langen Säbeln, täglich von Ort zu Ort patrouillirte. Ihre Hauptbeschäftigung war, in allen Wirthshäusern einzukehren, auf Kosten der Gemeinde ihren großen Durst zu stillen, und sich mit Speck und Eier bewirthen zu lassen, weßhalb man sie allgemein nur „die Speckreiter" nannte.

Gegen die vorerwähnten Verhältnisse mit aller Macht anzukämpfen war die schwere Pflicht der zurückgebliebenen Geistlichen. Ihre Lehren und Mahnungen wurden aber nicht mehr beachtet, verhallten ungehört, und brachten nur Drohungen ein. Nach einer starken Sittenpredigt des katholischen Geistlichen Steckinger wurde nächtlicher Weile durch den Fensterladen, wo heute noch die Spur sichtbar, auf ihn geschossen, was den alten und schwächlichen Mann so außer Fassung brachte, daß er gleich am folgenden Tage in Begleitung des katholischen Schullehrers auswanderte. Hieburch wurde die katholische Pfarrei zuerst verwaist.

Am 12. Januar 1794 fand die zweite Setzung eines Freiheitsbaumes statt, und galten von nun an nur die französischen Gesetze im Orte, da bis jetzt noch immer das churpfälzische Recht, namentlich in Bezug auf eheliche Verhältnisse, hier in Anwendung geblieben war.

An gleichem Tage wurde die Vernunft-Religion eingeführt, und die Kirche zum „temple de la Raison" erklärt. Zu dem nun folgenden Feste der Göttin der Freiheit und der Göttin Ceres wurden junge Mädchen in griechische Tracht, welche dem Auge keine Reize verbarg, gekleidet, auf Triumphwagen in Billigheim herumgefahren, und mußten auch die anderen Gemeinden des Cantons junge Mädchen, mit den Insignien dieser Gottheiten geschmückt, zu diesem Umzuge abstellen.

Durch die nun eingeführte Vernunft-Religion wurden auch die beiden protestantischen Geistlichen außer Thätigkeit gesetzt; die Verwilderung und die Zügellosigkeit wuchs. Die Katholiken wären in Krankheiten ohne Trost und vor ihrem Hinscheiden ohne den Empfang der heiligen Sacramente geblieben, wenn nicht ein damals noch junger Geistlicher, Namens Wien, der später als Decan in Insheim verstorben, mit Lebensgefahr, als Jäger verkleidet in aller Heimlichkeit öfters nach Billigheim gekommen wäre, und dort geistlichen Zuspruch und die Sacramente ertheilt hätte. Ehre dem Andenken dieses Ehrenmannes!

Bei der ersten Conscription am 14. Februar

1794 wurden 25 Jünglinge ausgehoben und zur Nordarmee nach Maubeuge transportirt. Am 11. Mai mußte alles baare Geld gegen (im April 1795 bereits völlig entwerthete) Assignaten, und am 18. Mai 1794 alle vorräthigen Früchte gegen Bons, die niemals eingelöst worden sind, abgeliefert werden.

Zum Glücke dauerte wenigstens das alberne Possenspiel mit der Vernunft=Religion nicht lange. Durch Decret der republicanischen Regierung vom 7. Mai 1794 hatte das französische Volk das Dasein eines höchsten Wesens und die Unsterblichkeit der Seele wieder anzuerkennen, und wurde sohin der alte Cultus wieder eingeführt. Auf diese wahrhaft empörende Weise verfuhr man damals dictatorisch mit den heiligsten und höchsten Rechten der Menschheit! — Auffallend ist es, — als ob eine höchste Gewalt zum warnenden Beispiel für die Nachwelt schon hienieden hätte richtend und strafend einschreiten wollen, — daß alle Jene, welche zur Beraubung und Schändung der Kirchen, Zerstörung der Heiligenbilder und zur Zertrümmerung von Wegkreuzen beigetragen und mitgewirkt hatten, auf elende Art verkamen, und deren Spur oder Namen heutigen Tages in der Gemeinde nicht mehr bekannt sind.

Die Hinrichtung Robespierre's zu Paris am 28. Juli 1794 machte der finstern bluttriefenden Schreckensregierung ein Ende. Die unterm 28. October 1795 eingesetzte Directorial=Regierung huldigte milderen, besonnenern und ruhigeren Ansichten und Grundsätzen.

Am 6. November 1795 wurde die seitherige Municipalität durch Beschluß des National-Convents aufgelöst, und bei der Neuwahl am 9. November dieses Jahres wurden

Daniel Duprez, als Agent,
Thomas Fischer, als Abjunkt,
Adam Schwein, als Friedensrichter,
Rengel, als Greffier,
Georg Peter Schwarz, als Präsident der Districts-Verwaltung,
Ackermann, als Districts-Verwaltungs-Commissär,
Georg Keller, Agent von Ilbesheim, als Präsident der Communal-Verwaltung

gewählt.

Der neu ernannte Districts-Verwaltungs-Commissär, der frühere katholische Stadtpfarrer zu Landau Ackermann, welcher später als Rector der Lateinschule zu Neustadt an der Haardt verstorben, ein Mann von vielen Kenntnissen und hinreißender Beredsamkeit, der in jener bewegten Zeit eine große politische Rolle in der Landauer Umgegend spielte, veranstaltete nun Feste auf Feste. Wir bemerken hier nur:

am 21. Januar 1796 das Fest der Gründung der Republik,
„ 30. März „ das Fest der Jugend,
„ 29. April „ das Fest der Eheleute,

und so fort alle Monate eine andere Festlichkeit, deren Programme uns leider nicht erhalten sind. — Erwähnenswerth ist noch das am 26. August 1799 abgehaltene Trauer=Fest wegen der am 28. April dieses Jahres zu Rastatt ermordeten französischen Gesandten Connier und Roberjot. — Auch der Schluß einer Rede, welche bei Gelegenheit des „Ackerbau=Festes" von einem der Festredner aus Ilbesheim gehalten wurde, ist uns aufbewahrt: „Das Volk ist souverain! Die Kronen müssen fallen! Ihr Bürger werdet es noch erleben, daß diese so feil werden, wie die Pelzkappen auf dem Markte!"

Am 21. März 1797 bei der Urversammlung zur Wahl von vier Wahlmännern zum Straßburger Scrutinium gingen Thomas Fischer und Jakob Volz von Billigheim, Michael Singer von Appenhofen und Peter Schwarz von Mühlhofen als Gewählte hervor. Man zeigte sich bei dieser Gelegenheit bereits mißliebig gegen zwei Händler von Nationalgütern aus Steinweiler, die sich schließlich gezwungen sahen, die Versammlung zu verlassen.

Am 23. März 1797 wurde in der Gemeinde Thomas Fischer als Agent, und Jakob Völker als Adjunct gewählt.

Am 18. Februar 1798 wurde unter großen Feierlichkeiten ein lebendiger Freiheitsbaum in Billigheim gesetzt. Als dieser nun bald darauf von unbekannter Hand zerstört wurde, ärgerte solches den Festgeber Herrn Ackermann dergestalt, daß er den Wahlbezirk des Cantons nach Steinweiler verlegte. Jedoch scheint es trotzdem einem am 12. März

1798 unter den nemlichen Festlichkeiten gesetzten zweiten Freiheitsbaum auch nicht besser ergangen zu sein.

Am 21. März 1798 war Wahl zu Steinweiler, in welcher Peter Schwarz als Friedensrichter und Abraham Schüler als Präsident der Verwaltung, Beide von Mühlhofen, hervorgingen. Als Wahlmänner nach Straßburg wurden bestimmt: Ulrich Nauerth und Valentin Dorst von Steinweiler, Valentin Bobländer von Erlenbach und Johannes Wüst von Billigheim.

Am 27. März 1798 wurden gewählt: Friedrich Burkhardt als Agent, und Balthasar Schwarz als Abjunct.

Am 8. Juli 1798 wurde die Municipalität durch den Präfecten des Departements du Bas-Rhin anßer Thätigkeit gesetzt. Ernannt wurden: Balthasar Schwarz als Agent und Franz Bernhard Jäger als Abjunkt; — ersterer verblieb in seiner Stellung als Maire bis zum 3. Januar 1813.

Am 3. October 1798 kamen österreichische Chevauxlegers-Patrouillen nach Billigheim und Ilbesheim, um in ersterem Orte den Präsidenten der Distrikts-Verwaltung Schwarz, und in letzterem den dortigen Agenten Keller anzugreifen und gefangen zu nehmen. Schwarz flüchtete sich noch zur rechten Zeit über Mühlhofen nach Weißenburg, und Keller wurde von seiner klugen Frau so gut versteckt, — wie man im Scherze behauptete, in das Storchennest auf dem Rathhause — daß er nicht aufgefunden werden konnte. Am 18. October kamen Schwarz und Keller wieder zum Vorschein. Dieser Tag wurde von beiden während ihrer ganzen Lebzeit als Feiertag gefeiert. Keller, der auch später noch in der ganzen Umgegend eine wohlbekannte und beliebte Persönlichkeit geblieben ist, und erst vor einigen Jahren in Ilbesheim verstarb, bewahrte noch seinen Hut und seine dreifarbige Schärpe als Reliquie aus jener stürmischen Zeit, und zeigte sie gerne den vielen Bekannten und Gästen, die seinen trefflichen Wein zu trinken kamen. Wohl hätte Niemand in Papa Keller, dem so ruhigen, gefälligen und gemüthlichen Manne, den früheren enragirten Republikaner vermuthet!

Am 26. Mai 1799 verlegte der Commandant der französischen Rheinarmee General Moreau sein Hauptquartier nach Billigheim, wo er im Hause von Hayum Mayer wohnte.

Hierauf folgte von Seite der Regierung die Ab-Schätzung des Vermögens der Bürger. Nach der Größe desselben wurde das sog. Emprunt forcé (Zwangs-Anlehen) durch den damaligen Einnehmer Fischer erhoben. Wer zu 200 Livres Silbergeld angesetzt war, hatte 2000 Livres in Assignaten zu bezahlen. Diese Einzahlung sollte den Bürgern auf die Steuer der folgenden zehn Jahre verrechnet werden, was jedoch nur für die nächsten zwei Jahre gehalten wurde.

Am 11. October 1799 kam die Proviantirungs-Commission der Festung Landau nach Billigheim.

Die Bürger fanden sich nach einer kurzen Unterhandlung ab, indem sie 6 Kühe, 2 Schweine und 29 Louisd'or für die Festung ablieferten.

Die Regierung der großen französischen Republik war am 15. Dezember 1799 aus den Händen des Directoriums in die des zum ersten Consul ernannten Generals Bonaparte übergegangen. Dieser schloß am 9. Februar 1801 nach sieg- und ruhmreichen Gefechten und Schlachten den Frieden zu Luneville, und ließ die Feier dieses Friedens im ganzen Lande auf's festlichste begehen. Bei diesem Friedensfest in Billigheim, am 9. November 1801, erhielt jeder Bürger ein halbes Maß Wein und jedes Kind einen Weck oder eine Bretzel von Gemeindewegen.

Bis zu diesem Frieden waren die Billigheimer mit Einquartierung mehr als jede andere Gemeinde mit gleicher Bevölkerung belästigt worden, was dem Umstand zuzuschreiben ist, daß Billigheim in den alten Spezialkarten, die von den Truppen zur Vertheilung der Einquartierungslast benützt wurden, als Städtchen bezeichnet war, so daß häufig mehr Militär nach Billigheim repartirt wurde, als der Ort unterzubringen im Stande war.

Nach der Ernennung Bonaparte's zum ersten Consul der franz. Republik erfolgte eine neue Cantonal-Eintheilung: Bergzabern wurde zum Cantons-Haupt-Orte erhoben, und am 30. April 1802 Herr Ungelbach von Bergzabern als Friedensrichter dieses Cantons gewählt. Von den Billigheimer Beamten blieben nur der Notär Heuck und Huissier Wirion im Orte.

Die Revolution hatte mit der Ernennung Bonaparte's zum lebenslänglichen Consul i. J. 1802 ihr Ende erreicht. Die Freiheitsmütze wurde am 18. Dez. 1802 vom Thurme der Kirche abgenommen. Die ausgewanderten Bürger kamen allmählig wieder in Billigheim an, und erhielten hier die eingezogenen und durch ihre Freunde um einen Spottpreis von der „Nation" ersteigerten Güter und Liegenschaften wieder zurück.

Am 29. März 1804 wurde im ganzen Lande Abstimmung für oder gegen die Ernennung Bonaparte's als Kaiser der Franzosen vorgenommen. Die Gemeinde Billigheim stimmte bei diesem Suffrage universel einstimmig mit „Ja."

Am 2. Dez. 1804 erfolgte die Krönung Bonaparte's, als Napoleon I. Kaiser der Franzosen, zu Paris mit ungeheurem Pomp.

Während des französischen Kaiserreichs 1804 — 1815.

Zu all den großen und ruhmreichen Kriegen Napoleon's mußte auch Billigheim sein Contingent stellen. Alljährlich wurden 10 Jünglinge in die große Armee einberufen, und wurden wenige große Schlachten geschlagen, in denen sich nicht ein oder der andere Billigheimer rühmlichst ausgezeichnet hätte. Anbrerseits gab es aber auch keine Familie in Billigheim, die nicht den Verlust eines ihrer Angehörigen zu beweinen gehabt hätte. Rührend war der Abschied der „Conscrits" vom elterlichen Hause, alle Bürger nahmen daran Theil, wie an einem Trauerzuge. Kehrte wieder Einer oder der Andere zurück, so wurde er wie ein von den Todten Auferstandener angesehen und begrüßt.

Zu den großen Opfern an Leuten kamen noch die vielen Steuern und Abgaben, unausgesetzte Einquartierungen der hin- und herziehenden Truppen, die Belästigung des Handels durch die Douane und die Chikanen durch die Beamten der Droits Réunis.

In Billigheim lag eine Abtheilung Douaniers unter Capitaine Weiß, welche das Einschwärzen verbotener Waare strenge zu beaufsichtigen hatte. Während der Continentalsperre hatten die Preise aller Waaren eine enorme Höhe erreicht, namentlich waren die Colonial-Waaren kaum zu bezahlen: das Pfund schlechten Zuckers kostete einen Kronenthaler, ebenso das Pfund mittelmäßigen Kaffee's, die Gewürze waren nur verfälscht zu erhalten, und der Tabakhandel war Monopol der Regierung.

Die Droits Réunis (vereinigte Gebühren) waren durch die Beamten Namur und Bachesse vertreten; letztere hieß man spottweise nur die „Keller= Ratten," da ihr Dienst darin bestand, in den Kellern der Wirthe öfters die Vorräthe an Wein behufs der Besteuerung zu constatiren. Wurde Wein fortgeführt, so war ein Abfuhrschein (Passe-Avant) dieser Beamten nothwendig.

Dieß abgerechnet, befand sich Billigheim während der Regierung des Kaisers Napoleon's I. ganz wohl; bei einer wohlgeordneten Verwaltung blühten Künste und Gewerbe, die Bürger genossen einer vernünftigen Freiheit und der Früchte ihres Fleißes, die glücklichen Kriege brachten vieles Geld in Umlauf, das vorzügliche französische Gesetzbuch (code Napoléon) und die Institutionen des öffentlichen und mündlichen Gerichtsverfahrens, die Trennung der Justiz von der Verwaltung, die Gewerbefreiheit, die Gleichheit Aller vor dem Gesetze und in der Besteuerung, die Duldung in der Religion ꝛc. waren auch für unsern Ort wohlthätige und kostbare Errungenschaften.

Kaiser Napoleon I. fand i. J. 1812 in den Eisgefilden Rußlands das Ziel seiner ehrgeizigen

Bestrebungen. Nur in wenigen Trümmern kehrte die herrlich ausstaffirte, auf's beste organisirte, colossale Heeresmacht in's Vaterland zurück, Elend und Krankheit im Gefolge. Hievon wurde auch Billigheim recht schmerzlich berührt und hart mitgenommen: die Gemeinde hatte am 26. Jan. 1813 zur Aufstellung einer neuen Armee eine hohe Kriegssteuer und außerdem 1400 Francs in Baarem zu bezahlen, und mit den Gemeinden Mühlhofen und Appenhofen zwei Kürassierpferde zu stellen. Durch Decret vom 20. März 1813 mußte zu Gunsten des Staates noch ein Theil der Gemeindegüter veräußert werden.

Nach der viertägigen Völkerschlacht bei Leipzig (16 — 19 Oktober 1813) ging Napoleons Glückstern gänzlich unter. Bei dem darauf folgenden Rückzug der französischen Heere nach Frankreich wurde Billigheim mit kranken Soldaten überfüllt, die an der damals grassirenden Ruhr und an Typhus erkrankt waren. Wohl wurden von Station zu Station noch Militär-Spitäler errichtet, allein die Pflege und Warte der Kranken, sowie deren Weitertransport ward den Gemeinden überlassen. Ein solches Spital befand sich auch in Billigheim, und zwar in den Räumen und selbst in der Halle des GemeindeHauses. Anfangs wurden die Kranken bestens versorgt, mit kräftigen Suppen genährt, und die Streu, auf der sie lagen, wenigstens alle zwei Tage erneuert. Als aber mehrere Bürger von der Ruhr befallen wurden, und sich die Krankheit im Orte immer mehr ausbreitete, so daß viele Leute wegstarben, und einige Häuser sogar alle ihre Bewohner verloren und der Gemeinde-Arzt Regenauer die Kranken alle nicht mehr besorgen konnte, hörte bei dem eigenen, maßlosen Elend alles Mitleid mit den armen Soldaten und alle Hilfeleistungen für dieselben auf, und wurde nur noch für deren Weiterschaffen gesorgt. Erst gegen das Frühjahr 1814 erlosch diese furchtbare Krankheit, und mit ihr eine schwere Heimsuchung.

In der Nacht vom 31. Dezbr. 1813 auf den 1. Januar 1814 gingen die Heere der verbündeten Mächte über den Rhein, um ihren Erbfeind in seinem eigenen Lande anzugreifen und zu vernichten. Auf diese Nachricht hin verließen die letzten Franzosen, eine zusammengestoppelte Compagnie Seesoldaten, Billigheim, und schon am 5. Januar erschien ein schmutziger, zerlumpter und schlecht bewaffneter Kosak im Orte, dem am nächsten Tage ein größeres Corps Kosaken folgte. Die Bürger, welche mit deren Einrücken eine Plünderung befürchteten, hatten alle Habseligkeiten versteckt und nur das bringend Nothwendige zur Hand behalten. Die Kosaken waren aber friedliebender Natur, mit Alt und Jung bald bekannt und begnügten sich mit geringer, wohl gar mit schlechter Kost. Sauerkraut war ihr Lieblingsgericht, der Schnaps durfte aber niemals fehlen. Die Offiziere hatten übrigens noch andere Bedürfnisse: die Gemeinde mußte unter Anderem auf ihre Kosten zu ihren Jagdvergnügungen die nöthigen Jagdhunde, und zu den Bällen die gehörige Anzahl Freudenmädchen liefern.

Die Kosaken wurden später durch badische Truppen, mit deren Haltung die Bürger sehr zufrieden waren, und diese wiederum nach Aufhebung der Blocade von Landau am 25. April 1814, durch österreichische Dragoner abgelöst.

Am 12. April 1814 kam ein Befehl der provisorischen Regierung des General-Gouvernements des Mittelrheins, wodurch die Bürger ihres Eides gegen Napoleon entbunden wurden. Dieser kurzen Zwischen-Regierung, welche nur bis zu dem am 30. Mai 1814 erfolgten Friedens-Traktate, nach welchem Billigheim französisch blieb, dauerte, hatte unser Ort die Abschaffung mancher drückenden Steuern namentlich aber die Abschaffung der Sterbfallgebühren und der Gebühren bei Schenkungen von Eltern an ihre Kinder durch Ehevertrag, zu verdanken.

Nach der am 2. Mai 1814 erfolgten Restauration der Bourbonen wurden am 13. Juli desselben Jahres die Zeichen der Königlichen Herrschaft, das Wappen mit den drei Lilien, ohne alle Feierlichkeit, ohne jedwede Sympathie, ja sogar ohne Antheil der sonst so schaulustigen Jugend an dem Rathhause angemalt. Die Regierung der Bourbonen war im Lande verhaßt, die Umreise des Herzogs von Berry, der überall grob und rücksichtslos aufgetreten war, hatte der neuen Gestaltung der Dinge auch keine Sympathie gewonnen, und so wollte man lieber unter Napoleon — der als Verbannter auf der Insel Elba lebte, — Gut und Blut opfern, als unter den Bourbonen fortleben, von denen man nichts Gutes und Ersprießliches für die Landes-Wohlfahrt erwarten durfte.

Dieser Wunsch wurde nur zu bald erfüllt: Am 1. März 1815 kam Napoleon von seinem Verbannungsorte zurück, sein „Adler flog von den Küsten des mittel. Meeres unaufhaltsam fort, bis er sich auf die Thürme von Notre Dame zu Paris niederließ". Am 20. März 1815 waren die mißliebigen Bourbons vertrieben, und die alte lieb gewordene Tricolore wehte wieder allenthalben in die frische Frühlingsluft hinaus.

Bald darauf kam General Rapp, Befehlshaber der Rheinarmee an, besetzte die Grenze, und machte von hier aus mit einem schwachen Regiment einen Einfall in das Annweiler Thal, jedoch ohne Erfolg.

Die jungen Billigheimer Männer von 20 bis 40 Jahren wurden zur Nationalgarde einberufen, und theils nach Lauterburg, theils nach Straßburg in die Besatzungen dieser Festungen eingereiht, von wo aus sie jedoch wohlbehalten alle wieder in die Gemeinde zurückkehrten.

Während der hunderttägigen Regierung wurden am 16. März 1815 der Notär Heuck als Maire, und Georg Peter Kuhn als Adjunct gewählt, die bis zum Ende der abermaligen Regierung Napoleons I. (der sog. hundert Tage) in ihrer Stellung blieben, am 21. Juli 1815 aber ihre Gemeinde-Functionen an den früheren Maire Bossert und an den früheren Adjunct Bering abgeben mußten.

Nach der für die gegen Napoleon verbündeten Heere siegreichen Schlacht von Waterloo (am 18. Juni 1815) rückte das ganze mittlere Armeecorps der deutschen Alliirten in der Stärke von 20,000 Mann vor, lag am 24. Juni 1815 theils in Billigheim im Quartier, theils in dessen Gemarkung im Bivouac, und zog am folgenden Tage über die Weißenburger Linien weiter.

Leider wurde bei diesem Durchzug der Württemberger und Hessen, unter Commando des Kronprinzen von Württemberg und der Prinzen von Hessen-Homburg und Emil von Hessen-Darmstadt, Billigheim hart mitgenommen. Die Soldaten hausten wie in Feindesland, die Gemarkung glich einem verwüsteten Lande, das Fuhrwerk und alle tauglichen Pferde wurden mitgenommen, und das Gesindel, das sich der deutschen Armee angeschlossen hatte, stahl und raubte, wo es nur etwas erwischen konnte. — Seit jener Zeit waren die Württemberger in Billigheim so verhaßt, daß die früher Saamenhandel treibenden Württemberger, die unsern Ort besuchten, sich viele Jahre lang nicht mehr sehen lassen durften.

Am 7. Juli 1815 wurden 2 Escadrons österreichischer Dragoner unter Major von Zebwitz nach Billigheim verlegt, wo unter Aufsicht und Anordnung einer preußischen Proviantirungs-Commission unter Kriegscommissär Schatz und Lieutenant v. Winterfeld für das Landauer Cernirungscorps ein Proviant- und Fourage-Magazin mit Beihilfe des Maire's

Heuck errichtet wurde. Um Letzteren von seiner einflußreichen Stellung zu entfernen, wurde Notär Heuck von seiner Gegenpartei bei dem preußischen General v. Kraußeneck als französischer Revolutionär denunzirt, gebunden in das Hauptquartier Edesheim abgeführt, auf Verwendung seiner Freunde jedoch sogleich von einer Commission vernommen, von allen Anschuldigungen freigesprochen und nach drei Tagen wieder in Freiheit gesetzt.

Bald darauf leistete Kaiser Napoleon I. wiederholt Verzicht auf seinen Thron. Am 25. August 1815 wurde die Blocade von Landau aufgehoben, und die wiedergekehrte Herrschaft der Bourbonen allenthalben verkündigt. Die verbündeten deutschen Truppen blieben jedoch bis zum 11. Dezember 1815 im Lager bei Landau liegen, an welchem Tage, gemäß des zweiten Pariser Friedens vom 20. November dieses Jahres, Landau und das Land zwischen der Queich und der Lauter (wozu auch Billigheim) an Deutschland abgetreten, und vorderhand unter gemeinschaftlich österreichische und bayerische Regierung gestellt wurde, bis endlich durch Patent vom 30. April 1816 König Maximilian I. von Bayern die neu erworbene Provinz am 1. Mai in Besitz nahm, und diese seitdem einen Bestandtheil des Königreichs Bayern bildet.

Gerade 21 Jahre waren seit der letzten Jurisdiction der churpfälzischen Beamten verstrichen, bis Billigheim wieder seinem angestammten Fürstenhause zugefallen war. Nach diesen langen Leiden, nach Krieg, Entbehrungen aller Art, verheerenden Krankheiten, Zerwürfnissen unter den Bürgern, vielfach gebrachten Opfern an jungen Leuten zur großen Armee und Schmälerung an Vermögen, begrüßte unser Ort jubelnd sein glückliches Geschick, das ihm wieder unter der milden und wohlwollenden bayerischen Regierung eine Periode von ungetrübtem Frieden und von Wohlfahrt in Aussicht stellte.

Am 18. März 1816 wurde Notär Heuck abermals zum Bürgermeister und Kuhn zum Abjuncten gewählt. Ersterer legte diese Stelle jedoch zu Anfang des Jahres 1817 nieder, wurde aber vorher noch von der kgl. Regierung als Spezial-Commissär in der Untersuchung ernannt, welche gegen einige Billigheimer Bürger, die sich früher bei Verwaltung des Gemeinde-Gutes Eigenmächtigkeiten erlaubt hatten, eingeleitet worden war. Trotz aller Nachsicht und Annahme aller nur möglichen Milderungsgründe konnte doch nicht Alles mit dem Mantel der christlichen Liebe bedeckt werden, und mußte daher das Ergebniß der Untersuchnng für die Betheiligten nicht ganz günstig ausfallen. Eine zweite Commission unter Pitter von Winnweiler, und eine dritte unter Faul von Pirmasens lieferten dasselbe Resultat. Diese leidige Untersuchung wurde Anfangs 1817 geschlossen, worauf Georg Peter Kuhn als Bürgermeister und Valentin Hünstel als Abjunct ernannt wurden.

Schon im Juni 1816 besuchte König Maximilian I. seine wiedergewonnene Provinz, und gewann sich auf dieser Jubelreise im Rheinkreise durch sein leutseliges, herablassendes und gütiges Benehmen alle Herzen, die Ihm ohnehin schon warm und freudig entgegengeschlagen hatten.

Die immerwährenden Regengüsse, welche das ganze Jahr 1816 niederfielen, verursachten, daß sämmtliche Feldfrüchte, welche zu Anfang des Jahres alle gut gestanden hatten, nicht gedeihen konnten, und die Ernte so schlecht ausfiel, daß manches Grundstück kaum die Saatfrüchte wieder eintrug. Hiezu kamen noch aus den frühern Jahren die vorhandenen Schulden, der Geldmangel, und der erschwerte Verkehr, der durch die Ueberschwemmungen der Rheinufer und die in den letzten Kriegsjahren zusammengefahrenen Landstraßen entstanden war. Kein Wunder, daß unter solchen Verhältnissen die Mißernte den höchsten Grad von Noth herbeiführte, zumal eine Einfuhr aus den nicht heimgesuchten Ländern der angegebenen Ursachen halber nicht möglich war. Wegen Mangel an Futterkräutern mußte das Vieh geschlachtet werden. Die Preise der Früchte erreichten vor der Ernte des folgenden Jahres eine bis dahin noch nie dagewesene Höhe: Weizen kostete per Hectolitre 60 Francs, Spelz 23 Fr. 50 Cent., Korn 42 Fr., Gerste 40 Fr., Haber 14 Fr. 50 Cent., Kartoffeln 12 Fr. 25 Cent. — Der Zentner Heu wurde mit 4 Fr. 56 Cent., Kornstroh 2 Fr., Spelzstroh 1 Fr. 70 Cent. bezahlt.

Dagegen gab die Ernte des Jahres 1817 in allen Fruchtgattungen wieder reichlich aus: Um

Johanni wurde schon der Hunger mit neuem Brode gestillt. Allenthalben wurde das Erntefest durch festlichen Gottesdienst und feierlichen Empfang des ersten Fruchtwagens begangen. Alles lebte wieder auf und dankte Gott für seinen Segen!

Culturzustand vor und nach der französischen Revolution.

Bei den eingewurzelten Vorurtheilen der damaligen Zeit gegen jede Neuerung erforderte es viel, eine rationelle Bewirthschaftung der Felder in Aufnahme zu bringen, und war es einer Frau — der Gattin des i. J. 1794 eingewanderten Notärs Adrian Heuck — Anna Maria Neyser, eines Malers Tochter aus Soulz im Oberrhein, vorbehalten, durch Beharrlichkeit, Fleiß und Umsicht den Kampf gegen bäuerliche Gebräuche und althergebrachte Gewohnheiten glücklich durchzukämpfen. Mit des Lebens Sorgen ringend unternahm diese wackere und kenntnißreiche Frau anfangs nur die Bewirthschaftung von ungefähr 3 Morgen Land im sog. Kleinfelde, — pachtete jedoch, da sie ihre Bemühungen durch ausgiebige Ernte belohnt sah, i. J. 1812 die bis dahin öde gelegene Gänsweide, bestellte diesen Felddistrict von 100 Morgen mit Haber und Kartoffel, und überzeugte durch diese Urbarmachung gänzlich unbenützten Landes ihre Mitbürger, wie mit wenig Fleiß und Ausdauer der Ackerbau auf eine hohe Stufe gebracht werden könne. — Solche sichtliche und greifbare Resultate und Vortheile blieben natürlich von den Billigheimern nicht unbeachtet, der alte Schlendrian verschwand, der Unternehmungsgeist erwachte. Maman Heuck mit ihren Neuerungen kam nach und nach zu Ansehen und wurde von Jedermann geachtet und geliebt, ihre Mildthätigkeit gegen Arme und Verlassene wurde durch keinen Undank abgeschreckt; jeder Bedrängte wußte, wo er Trost und Unterstützung finden konnte. — Viele Baumpflanzungen und die Umwandlung des öden Bastions gegen Rohrbach zu in einen mit Reben bepflanzten Garten sind heute noch stehende Zeugen des Fleißes dieser thätigen Frau. Frau Heuck starb i. J. 1814 am Typhus, den sie sich in Folge von Dienstleistungen bei armen Kranken zugezogen hatte. Ihrer Leiche wurde die Ehre, von den Mitgliedern des Gemeinderaths zu Grabe getragen zu werden, und liegt auf dem alten Kirchhofe an der Seite ihres Ehemannes und acht ihrer Kinder. Ihr Grab ist mit einem Steine bezeichnet. Ehre ihrem Andenken!

Damals kam es öfters vor, daß Billigheimer Eltern ihre Kinder zu einer Familie nach Frankreich schickten, und diese dagegen ihre Kinder nach Billigheim sandten, damit die Kinder außer ihrer Muttersprache auch eine fremde erlernen möchten. Um nun die eigenen Kinder in der Fremde gut gehalten und versorgt zu wissen, hielt man gegenseitig die auf 1 bis 2 Jahre anvertrauten fremden Kinder auf das Beste. Der Händler Stephan von Rohrbach, der um das Jahr 1810 mit Flachs nach Frankreich Handel trieb, war gewöhnlich der Vermittler dieses Kindertausches, beförderte mit seiner Fuhr die Kinder an Ort und Stelle, und gab von Zeit zu Zeit den Eltern über deren Befinden Nachricht.

Aus jener Zeit erzählt man sich noch Vieles von manchen drolligen Billigheimer Persönlichkeiten, die damals eine Rolle im Städtchen spielten. Namentlich sind die Schnurren und lustigen Streiche des Glasers Franz Caspar Reichert, gewöhnlich nur der Franz Caspar geheißen, der eine Art Billigheimer Eulenspiegels gewesen, noch in Jedermanns Munde und Gedächtniß. Als Spaßmacher wurde Franz Caspar nicht wieder ersetzt, denn seine Nachfolger hierin: der Maurer Michael Velten und Jean Bernhard Jäger, — gewöhnlich nur des Krämer Jäger's Jean Bernhard genannt, — dienten mehr zur Belustigung der Jugend als zur allgemeinen Unterhaltung der Bürger.

Ueber Künste, Wissenschaften und Gewerbe ist aus dieser Periode folgendes zu berichten:

Von den Lehrern sind der katholische Lehrer Langenfeld, der protestantische Lehrer Lebeau, der lutherische Lehrer Hebinger, sowie der Musik- und Zeichenlehrer Wien in der Gemeinde noch in guter dankbarer Erinnerung.

Der damalige Apotheker Erkenbrecht wurde viel in Anspruch genommen. Es hieß:
„Wem's nicht ist im Leibe recht,
Der geh' zum alten Erkenbrecht!"
Er und der Amtschirurg Rebsamen, der wegen seiner außerordentlich großen Nase in der ganzen Gegend bekannt war, waren gute Freunde, unterstützten sich gegenseitig in ihrem Wirken, und waren im „Ochsen" beim Hauckenmichel muntere fidele Gesellschafter.

Erst i. J. 1794 hat sich ein Arzt Regenauer, der bei den barmherzigen Brüdern in Bruchsal seine Studien gemacht hatte, hier niedergelassen und viel Vertrauen genossen.

Der alte „Bästel" war ein guter Barbier, der auch Aber lassen konnte.

Zimmerleute waren damals Abe und Müller; Maurer: Liar, der Maurer Michel, Rink, der Suselmaurer und Trebel, welch' Letzterer wegen seiner Geschicklichkeit im Backofenbau von den Bäckern weit und breit in Anspruch genommen und wegen seinen genauen Arbeiten scherzweise nur der „Centimetre" genannt wurde.

Als Schreiner wirkten in dieser Zeit: Fensterer, der Bürgerschreiner geheißen, und Gallung. Ihre Leistungen gingen jedoch nicht über die Mittelmäßigkeit hinaus; bessere Möbel mußten vom Schreiner Hoffmann in Rohrbach bezogen werden.

Die Schlosser Samuel Nuß und Bickel lieferten gute Arbeiten; besonders war der große

Schlosser Bickel in Anfertigung der Wirthsschilder, die sich heute noch durch gefällige Form und schöne Verzierungen auszeichnen, sehr gewandt.

Als vorzüglicher Meister galt der Büchsenmacher Boucharb, welcher seine Lehre bei dem Büchsenmacher des Landgrafen von Pirmasens gemacht hatte, und längere Zeit des Ersteren Gehilfe gewesen war. Boucharb war zugleich als Gold- und Silberarbeiter erfahren, verstand etwas Physik und Chemie, was er seinem Meister abgelernt hatte, der einer der Adepten gewesen, die mit dem Landgrafen den „Stein der Weisen" gesucht hatten.

Tüchtig waren Wüst, Schraffenberger als Schmiede und der alte Bittmann als Thierärzte.

Ist das Dörflein noch so klein
Schmiede müssen darin sein.

Als Wagner waren Föster und der sog. Wagner-Jockel in ihrem Geschäft wohl erfahren.

Die Billigheimer Sattler-Arbeiten von Schwein und Rhein hatten in der ganzen Gegend den Vorzug, besonders was den Fuhrsattel betraf; die Kummete waren meistens mit einem eingeprägten churpfälzischen Löwen geziert.

Die verrufensten unter den Handwerksleuten waren die Schuhmacher, welche alle Stiefel und Schuhe über einen Leisten und meist so enge anfertigten, daß sich der Fuß wie in einer eisernen Schraube befand. Die Billigheimer wußten Alle recht wohl, „daß sie der Schuh drückte."

Eben so schlecht waren die Schneider, die zur Noth einen Pfälzer Rock und Camisol anfertigen konnten; die Hosen wurden ohne Hosenträger, durch einen engen Bund gehalten, getragen. Das Maßnehmen geschah mit einem Faden, an dem die Dimensionen mit einem Knopf bezeichnet wurden, was Veranlassung zu vielen Verpfuschungen beim Zuschneiden gab. Eine löbliche Ausnahme hievon machte Schneider Brand, welcher viel gereist war nnd sich tüchtige Kenntnisse in seinem Handwerke gesammelt hatte. Ueber ihn ist noch das Lied bekannt:

„Droben an dem Oberthor,
„Da wohnt der Vetter Brändel,
„Streckt die Nas' zum Fenster 'naus,
„Den Leuten zum Exempel."

Säckler Güthe fertigte die damals allgemein getragenen zierlich gesteppten Lederhosen. Als diese nicht mehr getragen wurden, verlegte er sich auf das Kappenmachen.

Gute Leinwand lieferten die Weber Wurz, Mooser, Kambeis und Franzinger; von der Kunst des Letztern zeugt das schöne Bildgewebe, das heute noch vorgefunden wird.

Die langen Wickelstrümpfe und die Pudelkappen wurden von den Strickern Weber und Kaltarsch gefertigt.

In der Färberei, namentlich im Blaufärben, genügte das Geschäft des Färbers Schwarz.

Gutes Brod und feineres Gebäck lieferten der Wurzelbäcker, der Laubachbäcker und der dicke Bergboll. Dieser lieferte auch den Juden nach Ingenheim; in dem dahin bestimmten Brode waren blaue Zettel mit dem Zeichen: „Koscher, Bergboll" eingebacken.

Vorzügliche Metzger waren Hauck und Kuhn. Die Israeliten wurden durch ihre Metzger Gabriel Hirsch und Mendel versorgt; der israelitische Vorsänger war zugleich Schlächter.

Concessionirte Scheerenschleifer für den Amtsbezirk Germersheim waren die Angehörigen der Familie Hirsch.

Vom Glaser Franz Caspar, durch seine Schnurren noch gegenwärtig in der Leute Mund, haben wir schon gesprochen; außer ihm wirkte damals Glaser Kneh.

Gute Spinnräder und Haspel, die einzige Anforderung, welche an die Drechsler gemacht wurde, fertigten die Familie Völker.

Häfnerarbeit, besonders gutes Kochgeschirr, machte die Familie Schraffenberger; das Geschirr hatte eine gefällige Form, war gut gebrannt, und wurde die Erde hiezu aus der Barbelrother Gemarkung bezogen.

Zu Ziegler-Waaren bediente man sich des Lehmens bei der Appenhofer Oberhochwingert-Gewann, in welcher Gemarkung auch die nöthigen Kalksteine gebrochen wurden. Die Erde aus der Lehmenhohl-Grube läßt sich, der vielen Ackermännchen halber, die darin gefunden werden, nicht gut zu Ziegeln verwenden. Die Familie Wolf waren Ziegler, die

Familie Kern Ziegelarbeiter. Nagelschmiede waren Müller und Textor.

Als Küfer haben Pfister, Reiter und Arbein den an sie gestellten geringen Anforderungen entsprochen.

Der Bierbrauer Berbolff, mit dem Zunamen Gix, braute Bier, das nach einer Ablagerung von nur acht Tagen schon ausgeschenkt, aber dennoch gerne getrunken wurde. Ueber diesen ist noch der Reim bekannt:

„Berbolff genannt Gix,
„Im Schreiben ist er nix,
„Im Tanzen ist er fix."

Bei einer lebenslustigen Bevölkerung waren auch die Wirthshäuser gut bestellt und hatten starke Einkehr. Die bezügliche Concession wurde nur angesessenen gut beleumundeten Bürgern ertheilt. Im „Schwanen" bei Rohmann war das Absteigquartier des Oberamtmanns, daher auch der beliebte Sammelplatz für Schulz und Gerichtsmitglieder; der „Ochse" beim Hauckenmichel, die „Krone" bei Kuhn, der „Adler" bei Georg Hauck waren gute bürgerliche Herbergen; das „Lamm" bei Kerth war Gemeinde-Wirthschaft, in der damals die Versteigerungen abgehalten werden mußten.

Landfuhrleute waren: Der Schneiderhannes Köhler, der viel Vertrauen genoß und dessen Frachten meistentheils nach der Schweiz gingen, und Georg Michael Andres, der jedoch bald durch die Faulheit und Nachläſſigkeit ſeiner Frau in ſeinen Verhältniſſen zurückkam.

Der Handel mit den geringſten Lebensbedürfniſſen war damals noch gering: nur in der einzigen Krämerei der Wittwe Caeſar konnte man etwas Zucker, Kaffee und Gewürz erhalten. Das Salz mußte bei einem — zum Verkauf des Salzes vom Oberamte allein berechtigten — ſog. Salzmann, Deprez, eingekauft werden.

Die Kunſt fand ihren Vertreter in dem Uhrmacher Druck; die von ihm gefertigten heute noch vorhandenen Uhren, die alle in Eiſen und Stahl dauerhaft und ſchön gearbeitet ſind, bezeugen ſeine Kunſtfertigkeit.

Der einzige Muſiker im Orte war der krumme Hauckenhannes, welcher gewöhnlich bei ſeinem Vetter, dem Adlerwirth Hauck, aufſpielte, aber in ſeinem Repertoire nur: den Lobovisken-Marſch, — Ich tanz mit meinem Bäſel, Was ſcheer' ich mich um die andern Leut', — Bei Auſterlitz, da hat's geblitzt, — einen Schottiſchen, und den Kehraus ſtehen hatte.

Alleinige Berechtigung zum Fiſchfange in dem Stadtgraben, der reichlich mit Karpfen, Buraſchen und Schleihen bevölkert war, hatte nur der alte Dores Hannes, der ſich zum Fange der ſog. Bartloups bediente, die er ſelbſt zu ſtricken verſtand.

In der Gemarkung von Billigheim ſtehen zwei Mahlmühlen: Die Wartgärten-Mühle, die durch den Klingbach — und die Pfalzgrafen-

Mühle, die durch den Capelbach getrieben wird. Beide Bäche, der erste südlich, der letztere nördlich am Orte vorüberfließend, vereinigen sich vor Steinweiler, heißen nach ihrem Zusammenfluß „Klingbach," der sich bei Sondernheim in den Rhein ergießt. Die Wartgärtenmühle steht das ganze Jahr über im Betriebe, während die Pfalzgrafenmühle bei trockenem Sommer wegen Mangel an Wasser einstellen muß. Der Capelbach war früher in seinem Wasser dem Klingbache gleich stark, hat aber bedeutend abgenommen, und blieb auch das Suchen nach neuen Quellen ohne Erfolg.

Hier dürfte noch am Platze sein, einer in dieser Zeit-Epoche gemachten kleinen, aber nützlichen Erfindung, des „Mausbohrers" zu erwähnen:

Früher war es als reine Unmöglichkeit angesehen, in einem sog. Mausjahre das Alles verheerende Ungeziefer zu vertilgen; alle angewandten Mittel führten zu keinem erwünschten Resultate, das gelegte Gift half mehr zur Vertilgung der Feinde der Mäuse, des Raubzeugs und des Wildes, als zu der des Ungeziefers selbst. Man fügte sich in das Uebel als eine Schickung und Heimsuchung des Himmels, und tröstete sich, daß diese Calamität nach Ablauf von sieben Monaten von seinem Entstehen an endigen werde. Im J. 1815 fertigte der Wagner Dominik Hognon den ersten Mausbohrer und brachte ihn in Anwendung, welche einfache und nützliche Erfindung bald allgemeine Anerkennung und Verbreitung fand, und seitdem schon manche Ernte vom Verderben gerettet hat.

Winterunterhaltungen gewährten von jeher die auf dem Lande so beliebten Kunkelstuben, in denen es meist sehr lustig zugeht: von 8 bis 10 Uhr wird das Rädchen fleißig gedreht und die Spinnaufgabe erledigt, die Mädchen und Burschen singen oder erzählen sich allerlei abentheuerliche oder gruselige Geschichten; die Burschen stehlen ihren Schätzen den „Hanspeter" vom Rade, lassen denselben durch einen Kuß wieder einlösen, schneiden den Faden ab, oder zünden, wenn es gar zu lange dauert, zum Schluß sogar die Kunkel an.

Wer einmal eine Kunkelstube besucht hat, kennt jede Hexe in der Umgegend und jeden Platz, wo Geister und Gespenster ihr Wesen treiben. Wenn sich nun auch im Allgemeinen dieser Aberglaube so ziemlich verloren hat, so ist er doch nicht ganz verschwunden. „Sympathie=Mittel" werden häufig in Krankheiten angewendet. Oefters sieht man noch auf der Kreuzstraße von Rohrbach neue irdene Häfen nebst einem mit einem Faden umwundenen Ei aufgestellt, als Mittel gegen die Abzehrung.

Auch das Kartenschlagen, um daraus die Zukunft zu erfahren, ist noch stark gebräuchlich.

An den sog. Liebestrank unter der Benennung: „Gemirnach" (gehe mir nach) wird noch geglaubt: Wenn sich nemlich ein Mädchen in einen Burschen verliebt, wozu gar keine Veranlassung denkbar, so sagt man einfach: „Der Bursche muß dem Mädchen Gemirnach gegeben haben."

Auch auf die Sitte mit dem sog. „Plauder= Ei" wird noch viel gehalten. Wenn ein Kind zum erstenmal ausgetragen wird, so wird ihm von Be= freundeten des Hauses die Spitze eines Eies im Munde umgedreht, das Ei selbst aber dem Kinde mitgegeben, um demselben das Reden zu erleichtern. Man will behaupten, daß dieses gebrauchten Sympathie=Mittels halber die Kinder in der Pfalz so früh sprechen lernen, und eine Gewandtheit im Plaudern erlangen, die ihnen ihr ganzes Leben hindurch anhängt.

Der Billigheimer Purzelmarkt.

Wie bereits erwähnt, bewilligte Kaiser Friedrich III., als er i. J. 1450 den Flecken Billigheim als frei erklärte und ihm Stadtrechte verlieh, den neuen Bürgern einen Jahrmarkt auf St. Gallus, der heutzutage noch als „Purzelmarkt" ein Fest für die ganze Umgegend geblieben ist. Mit diesem Jahrmarkte ist auch die Kirchweih verbunden, wird Sonntag, Montag und Dienstag nach St. Gallus gefeiert, und hat sich bei günstiger Witterung und nach eingeheimstem Herbste als beliebtes Volksfest erhalten; namentlich ist der Kirchweih-Dienstag, an dem das eigentliche Purzelfest stattfindet, der Haupttag.

Auf einer nahe beim Orte liegenden Wiese, der sog. Reitwiese, wird dieses Fest abgehalten. Morgens um 9 Uhr wird dessen Beginn durch Böllerschüsse und Trommeln verkündigt. Im Orte bildet sich der Zug: Die Ortsvorstände geschmückt mit den Insignien ihrer Würde und die Gemeinderaths-Glieder mit Schärpen, alle hoch zu Roß, in Begleitung der mit Flinten bewaffneten Sicherheitsmannschaft, bilden die Spitze. Ihnen folgt ein mit Laubwerk verzierter Wagen mit weiß gekleideten jungen Mädchen, welche die Ehrenpreise tragen. Dann kommen die Wagen eines jeden Wirthes, welche Tanzbelustigungen abhalten, mit der tanzlustigen Jugend, denen die Musik ihres Wirthes vorangeht. Den Schluß bilden die übrigen Theilnehmer am Feste.

In aller Feierlichkeit und unter öfteren Salven der Sicherheitsmannschaft bewegt sich der ganze Zug unter Voranschreiten einer Musik und Vortragen fliegender Fahnen zur Festwiese, die bereits mit Zuschauern zu Fuß, zu Pferde und zu Wagen angefüllt ist. Nachdem der Zug den abgesteckten Rennplatz einmal umzogen hat, wird die Rennbahn freigemacht. Zuerst kommt nun das Rennen zu Pferde, dann das Klettern nach dem Hahn auf der Spitze einer hohen Stange, diesem folgt das Laufen der Männer, worauf das Laufen der Weiber und zum Schluß das Purzeln der Buben. Der Beginn jeden Rennens, Laufens und Purzelns wird durch einen Böllerschuß angezeigt. Die Ersten am Ziele erhalten Preise, über deren Vertheilung die um den hohen Kletterbaum postirten Ortsvorstände mit den Gemeinderaths = Gliedern als Preisrichter entscheiden. In zweifelhaften Fällen muß noch einmal gerannt oder gelaufen werden. Die theils aus Gemeindemitteln, theils aus den Beiträgen der Wirthe angekauften Preise, die in früheren Zeiten in Hamburger Strümpfen und seidenen Halstüchern und für die Purzelbuben in Knieriemen bestanden haben, sind heute durch angemessenere Gegenstände ersetzt worden.

Nach der Vertheilung der Preise endigt das Fest; der Zug geht in derselben Ordnung, wie er gekommen ist, wieder zum Orte zurück, gefolgt von den

Preisträgern und der Masse von Zuschauern. Es ist nun gerade Mittagszeit, alle Wirthshäuser füllen sich mit Gästen, von denen Manche, die hier entweder zufällig oder verabredetermaßen mit Freunden zusammengekommen, bis zum andern Morgen in Lust und Fröhlichkeit verweilen.

Leider hat dieses echte und einzige Volksfest der Pfalz in neuerer Zeit viel an Theilnahme und Interesse verloren, indem die sog. Gebildeten immer mehr von demselben sich abwenden. Hätte man von höheren Kreisen seine Aufmerksamkeit dem Purzelmarkte zugewendet, und vielleicht landwirthschaftliche Ausstellungen aus den nahen Gemeinden damit verbunden, so sähe man bald wieder dieses uralte pfälzische Volksfest in neuem Glanze erstehen. Freilich würde der Purzelmarkt nicht mehr jene bunte Trachtenschau bieten wie früher, da die Kleidung in dieser Gegend jenen charakterlosen Zuschnitt angenommen hat, der die Leute weder städtisch noch ländlich erscheinen läßt, und weil auch die Elsässer in ihren malerischen Volkstrachten nicht mehr mitreiten dürfen. Doch ist auch jetzt noch in seiner Abschwächung der Billigheimer Purzelmarkt sehenswerth *) und unterhaltend.

---

*) Die Pfalz und die Pfälzer von August Becker. Seite 420.

Schluß.

Die gegenwärtige Bevölkerung Billigheim's, etwas über 1700 Seelen, wovon der protest. Theil mit 1270 die Mehrzahl bildet, dann aus 400 Katholiken und 100 Juden bestehend, beschäftigt sich hauptsächlich mit Ackerbau. Die Felder in der Gemarkung, welche ein ganz anderes Aussehen im Vergleiche mit früher gewonnen hat, sind gut bestellt. Jedes Plätzchen ist nutzbringend angelegt. Man erzielt: Tabak, Reps, Hanf, alle Halm- und Wurzelfrüchte. Der Kleebau ist allenthalben eingeführt. Die Güter sind gut angebaut, ertragen das Dreifache von früher, so daß von den Produkten noch viel auf den Markt gebracht werden kann. In gleichem Verhältnisse sind die Preise der Güter und die Pachtzinse gestiegen. Der Weinbau ist unbedeutend, doch wird aus den Wingerten ein ziemlich guter Haustrunk gewonnen.

Die Bürger, an benen noch der reichsstädtische Ton bemerklich, sind fleißig, thätig, verträglich, geschickt, zu jeder Arbeit bereit und wie alle Pfälzer frohen und heiteren Temperaments.

Die Gemarkung umfaßt ungefähr 2300 Morgen Wiesen, Aecker und Wingerte, einen Wald von 23 Morgen (das sog. Dickloch, das schon früher abgeholzt längere Zeit öbe lag, aber i. J. 1817 wieder ange=

pflanzt wurde), sodann die Torfbrüche bei Winden 170 Hectaren, welche i. J. 1786 vom Churfürsten Carl Theodor den Bürgern als Allmende (Gemeindegut) gegeben worden sind. Der protestantische Pfarrer Karsch machte die Bürger zuerst auf die Nützlichkeit des Torfes aufmerksam, und brachte die heute noch gebräuchlichen Torfeisen — zum Ausstechen des Torfes — zuerst in Anwendung. Nachdem dieses Feuerungsmaterial allgemeine Aufnahme gefunden hatte, wurde mit demselben so verschwenderisch umgegangen, daß, obwohl dasselbe von den Bürgern nicht nach auswärts verkauft werden durfte, die Torfgruben heutzutage nahezu ausgebeutet sind.

Außer diesen Torfgruben gehören noch die alten und neuen, gegen Steinweiler zu gelegenen Wartgärten zur Bürgerallmende; diese Grundstücke sind unter die Bürger auf Lebensdauer zur Nutznießung vertheilt. Jeder Bürger, im vollen Genuß seiner Allmende, hat zwei Wartgärtenstücke und einen Torfstich; hat er nun noch seinen Unterschlupf und einen Vorrath an Kartoffeln, so sind seine dringendsten Lebensbedürfnisse gedeckt.

Obwohl Billigheim im Allgemeinen als wohlhabender und gewerbthätiger Ort bezeichnet werden muß, so ist sein Wohlstand doch nicht mehr der frühere, wie zu freien Stadt- und zu Churfürstenzeiten. Der auf Sonntag nach Medardus fallende „Krämermarkt", der früher stark besucht war, hat in neuerer Zeit, wo Jedermann seine nöthigen Einkäufe in seinem Orte machen kann, bedeutend abgenommen. Doch

zieht der oben beschriebene „**Purzelmarkt auf
St. Gallus**" noch immer viele Schaulustige aus Nah
und Fern nach Billigheim, und bringen die bedeu=
tenden seit 1823 bestehenden Viehmärkte, welche
hier abgehalten werden, dem Orte manche Vor=
theile zu.

Auf die Erneuerung ihrer altverbrieften Stadt=
rechte, die schon vor der französischen Revolution
nicht mehr geltend gemacht worden sind, scheinen die
Bewohner von Billigheim wegen der dadurch er=
höhten Lasten, Gebühren und Steuern vorderhand
verzichten zu wollen, und ruhen die bezüglichen Acten
und Documente im Archive des königl. Bezirksamts
Bergzabern.

Bis hierher gehen unsere Aufzeichnungen über
den für jeden Geschichtsfreund wichtigen Ort Billig=
heim. — Sollten die vorliegenden Blätter Aner=
kennung und reges Interesse in der Gemeinde Billig=
heim und in deren Nachbarorten finden, sollten sie
vielleicht manchen Touristen vermögen, die Stätte
aufzusuchen, wo sich von den Spuren der Urbewohner
des Landes an im Laufe der Zeiten ein gut Theil
pfälzischer und deutscher Geschichte abgesponnen hat,
sollten sie vielleicht den Einen oder den Anderen ver=
anlassen, über einen der vielen historisch-interessanten
kleineren Orte unserer gesegneten Pfalz ähnliche
Forschungen zu machen, dann würde der Verfasser
dieses Werkchens sich hinreichend für seine Arbeit be=
lohnt sehen!